Arne Sand | Max Schott

**DIE BESTEN DIVIDENDEN-AKTIEN – simplified**

# TITEL DER SIMPLIFIED-BUCHREIHE

www.simplified.de

Arne Sand | Max Schott

# DIE BESTEN DIVIDENDEN-AKTIEN

## MIT DER CASHFLOW-INVESTING-METHODE SUBSTANZSTARKE AKTIEN AUSWÄHLEN UND NACHHALTIG ATTRAKTIVE DIVIDENDEN SICHERN

FBV

simplified

Redaktion: Ulrike Kroneck, Judith Engst
Korrektorat: Bärbel Knill
Umschlaggestaltung: Pamela Machleidt
Satz: inpunkt[w]o, Haiger
Druck: GGP Media GmbH, Pößneck

Printed in Germany

3., komplett aktualisierte und
überarbeitete Auflage 2018

Die 1. Auflage erschien unter dem Titel
»Cashflow-Investing«.

© 2013 by FinanzBuch Verlag, ein Imprint
der Münchner Verlagsgruppe GmbH
Nymphenburger Straße 86
D-80636 München
Tel.: 089 651285-0
Fax: 089 652096

**Für Fragen und Anregungen:**
info@finanzbuchverlag.de

**Bibliografische Information der Deutschen
Nationalbibliothek:** Die Deutsche Nationalbibliothek verzeichnet diese Publikation in
der Deutschen Nationalbibliografie;
detaillierte bibliografische Daten sind im
Internet über http://d-nb.de abrufbar.

ISBN Print 978-3-89879-885-3
ISBN E-Book (PDF) 978-3-86248-665-6
ISBN E-Book (EPUB, Mobi) 978-3-86248-666-3

**www.finanzbuchverlag.de**
Beachten Sie auch unsere weiteren Verlage unter
www.m-vg.de

# Inhalt

Inhalt

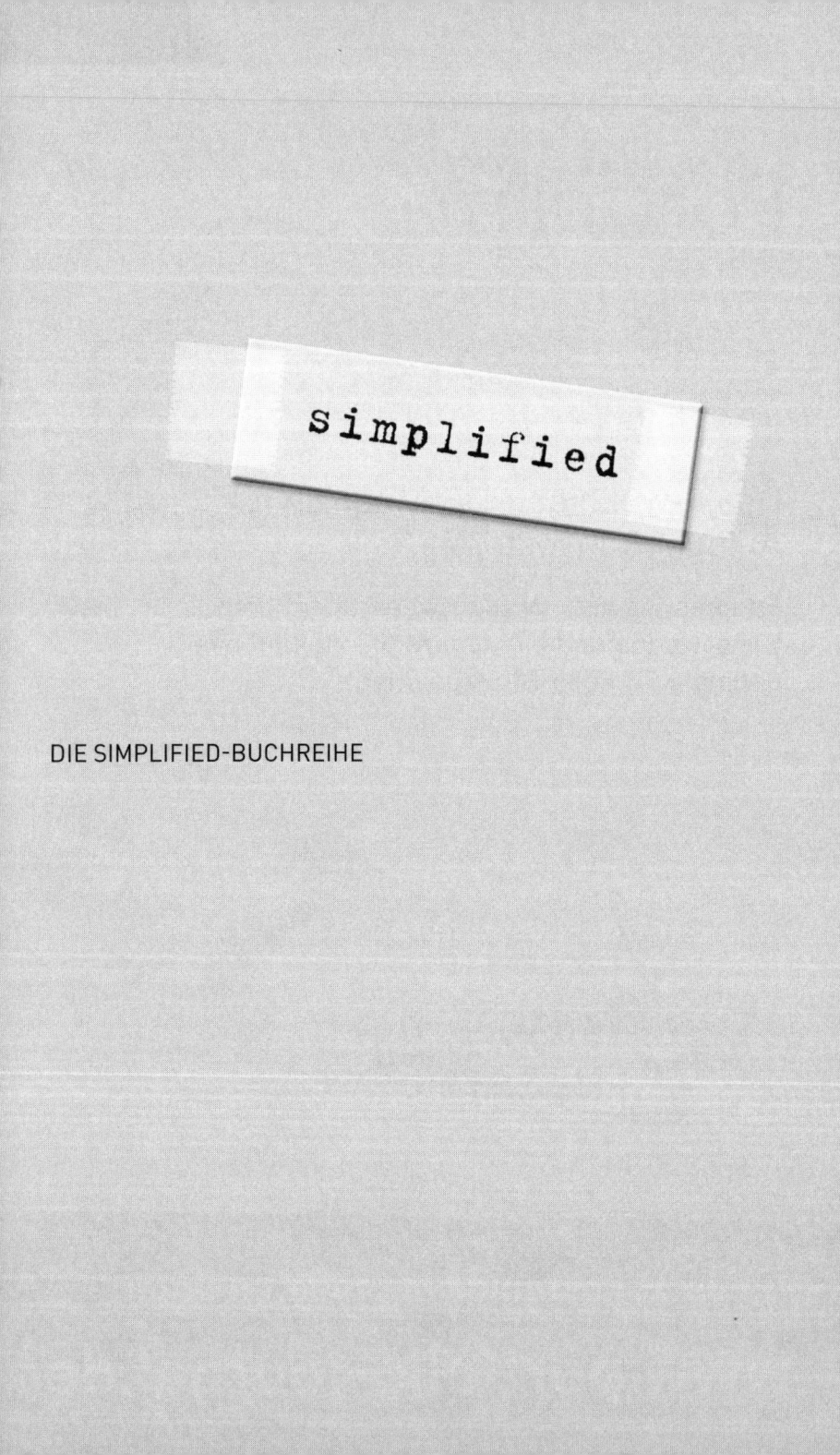

simplified

DIE SIMPLIFIED-BUCHREIHE

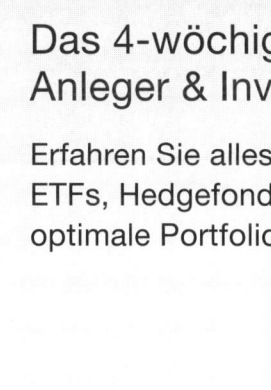
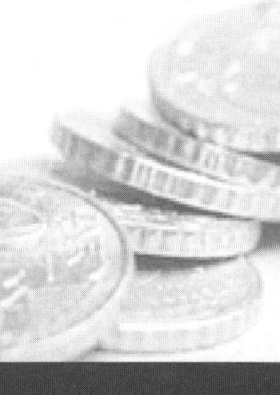

# Vorwort

Anleger, die von den laufenden Erträgen ihres Vermögens leben wollen, stehen vor einer schweren Aufgabe. Die Verzinsung von Staats- und Unternehmensanleihen befindet sich auf einem historischen Tiefstand. Eine Besserung ist, wenn man die Aussagen der dafür verantwortlichen Zentralbankchefs als Indiz nimmt, nicht in Sicht. Immobilien kommen nur bei sehr hohen Vermögen infrage, denn sonst ist eine vernünftige Diversifizierung über Regionen und Nutzungsarten nicht möglich. Offene Immobilienfonds sind angesichts vieler Probleme und der daraus abgeleiteten Handelseinschränkungen auch keine liquide Alternative mehr. Rohstoffe wie Gold oder Kupfer unterliegen großen Wertschwankungen, liefern aber keine laufenden Erträge, sondern verursachen bestenfalls keine zusätzlichen Lagerkosten. Und auch Kunstgegenstände sind laut neuesten Untersuchungen keine rentable Anlageklasse, denn laufende Erträge liefern auch sie nicht.

So bleibt als Alternative nur die Anlage in vernünftig bewertete Aktien solider Unternehmen, die aus ihrem Cashflow Dividenden an ihre Aktionäre zahlen oder zumindest Aktienrückkäufe bestreiten.

Hier will dieses Buch die grundsätzlichen Zusammenhänge aufzeigen und dem Leser das Handwerkszeug und das Rezept für eine systematische Cashflow-Anlagestrategie an die Hand geben. Damit ist es möglich, diese Strategien entweder selbst umzusetzen oder die Durchführung durch einen professionellen Fondsmanager oder Vermögensverwalter qualifiziert zu überwachen und zu beurteilen.

# Vorwort zur 3. Auflage

Mehr als vier Jahre sind seit der ersten Auflage dieses Buches ins Land gegangen. Jahre, in denen die Zentralbanken im Hinblick auf die Zinspolitik völliges Neuland betreten haben. Noch nie zuvor haben wir negative Zinsen auf Bankeinlagen gesehen. Wann hätte es das gegeben, dass man für die sichere Anlage seiner Mittel bei einer Bank bezahlen musste? Dies gibt dem Satz »Eigentum verpflichtet« eine ganz neue Bedeutung.

Aus heutiger Sicht ist es schwer vorstellbar, dass die Verzinsung von Anleihen in nächster Zeit stark ansteigen wird. Eine gewisse Normalisierung ja, das ist denkbar, aber ein starker Anstieg nicht. Deshalb gehen wir davon aus, dass Dividendenwerte ihre Attraktivität behalten werden. Dies gilt umso mehr, je weiter der Anlagehorizont ist.

Wir wünschen viel Spaß bei der Lektüre der überarbeiteten und aktualisierten Fassung.

Stuttgart, im Januar 2018

# 1 Einführung: Was dieses Buch erreichen soll

Dieses Buch richtet sich an Investoren, die aus den Erträgen ihres Vermögens, wir nennen sie Cashflows, den laufenden Lebensunterhalt vollständig oder anteilig bestreiten wollen oder müssen. Es ist für jedermann geeignet, völlig unabhängig davon, ob es sich dabei um einen 30-jährigen jungen Abenteurer handelt, der sein Erbe dazu nutzen möchte, um finanziell völlig frei von Zwängen zu leben, oder um ein Rentnerpaar, das die Erträge aus dem ersparten Vermögen dazu nutzen möchte, seine staatlichen und privaten Renteneinkünfte aufzubessern, oder um einen erfolgreichen Unternehmer, bei dem nach dem Verkauf seines Unternehmens die laufenden Einnahmen aus der Unternehmertätigkeit wegfallen und der nach Alternativen sucht.

Während es früher relativ einfach war, einen Vermögensbetrag durch den Kauf von festverzinslichen Wertpapieren in attraktive laufende Einnahmen umzuwandeln, stellt das aktuelle Investitionsumfeld den Anleger vor ganz neue Herausforderungen. Finanzielle Repression durch sehr niedrige Zinserträge, die nach Abzug der Steuern unter der Inflationsrate liegen, und die potenziell unsicheren Einlagensicherungssysteme der Banken erfordern ein Um- bzw. Weiterdenken, wenn das Vermögen real nach Inflation erhalten oder sogar vermehrt werden soll.

Während es in den USA und England schon seit Jahrzehnten üblich ist, größere Teile des privaten Vermögens in liquides Produktivkapital, d. h. in die Aktien börsennotierter Unternehmen anzulegen, fristet diese Anlageform im deutschsprachigen Raum zu Unrecht ein Schattendasein. Während mehr als 50 % der Amerikaner direkt oder indirekt Aktien besitzen, hält in Deutschland nur einer von 14 Anlegern Aktien in seinem Depot.

Es gibt ganz unterschiedliche Anlagephilosophien, um das eigene Vermögen in Aktien zu investieren: Ein Anleger kann beispielsweise auf Wachstumsunternehmen setzen in der Hoffnung, die nächste Microsoft-Aktie zu finden. Ein solches Vorgehen ist vergleichbar mit dem Kauf von Lotterielosen, von denen jedes einzelne die Hoffnung auf einen großen Gewinn in sich trägt. Wie bei Lotterielosen werden am Ende aber die allermeisten Hoffnungen enttäuscht, wenn aus der kleinen »Perle« dann doch keine Microsoft-Kursrakete wird. Gerade weil sehr viele Investoren solche Lotterien lieben, ist der Preis, der für diese Lose an der Börse gefordert wird, leider viel zu hoch. Enttäuschungen sind deshalb vorprogrammiert, selbst wenn neben vielen Nieten das eine oder andere Los ein kleiner Treffer wird.

Oder als Investor: Man kauft einfach die größten Unternehmen eines Landes, indem man in Indexfonds investiert. Hier wird jedoch ein Eintopf serviert, bei dessen Zubereitung niemand auf die Zutaten achtet. Manche Zutaten sind sehr lecker, aber von manchen anderen geht schon ein leichter Geruch der Fäulnis aus. Bei Licht betrachtet würde man auf jeden Fall lieber die Finger davon lassen.

Vielleicht will ein Anleger sein Geld auch einem aktiven Fondsmanager anvertrauen. Aber wie lässt sich beurteilen, ob dieser wirklich gute Arbeit leistet oder einfach nur Glück hat? Anlageergebnisse sind in jedem einzelnen Jahr stark zufallsbedingt. Um hier Glück von Können zu unterscheiden, braucht es 30 oder mehr Datenpunkte. Aber welcher Fonds oder Vermögensverwalter kann schon eine Historie von mehr als 30 Jahren und dann noch mit stets demselben Management vorweisen?

Man sollte in diesem Zusammenhang nicht vergessen, dass es für private und professionelle Anleger außerordentlich schwer ist, einen Index über einen längeren Zeitraum zu schlagen. Wann immer ein Investor eine Aktie kaufen will, kommt das Geschäft nur zustande, wenn ein anderer Anleger sie zum selben Preis verkaufen will. Naturgemäß liegt einer von beiden falsch bei seiner Entscheidung. Der

Verkäufer hat sich geirrt, wenn ihr Kurs steigt, der Käufer, wenn er fällt.

Alle Anleger, die im Aktienmarkt investiert sind, werden zusammen im Mittel genau die Rendite erwirtschaften, die der Weltaktienindex erzielt, denn sie zusammen halten ja alle Aktien dieser Welt in ihren Portfolios. Wenn es also Anleger gibt, die eine höhere Rendite erwirtschaften, dann geht das nur zulasten von Anlegern, die entsprechend weniger vom Kuchen abbekommen.

Wer in diesem Spiel eine realistische Chance haben will, braucht passende Beurteilungskriterien, um das Chance-/Risikoverhältnis auf seine Seite zu bringen.

Wir präsentieren in diesem Buch eine systematische Anlagestrategie, die wissenschaftlich fundiert ist und sich über Jahre, ja sogar Jahrzehnte, bewährt hat. Außerdem erläutern wir, worauf ein Anleger bei der Auswahl einzelner Aktien und dem anschließenden Portfolioaufbau am besten achtet.

Dies ist ein Buch für Praktiker, die ihr Anlageproblem lösen wollen oder auch müssen.

## 1.1 Überblick über die verschiedenen Anlageformen

Grundsätzlich lässt sich jede Geldanlage in eine von zwei Abteilungen einsortieren: in Geldwerte und in Sachwerte.

Bei Geldwerten erwirbt man Nennwerte in einer bestimmten Währung. Dieser Geldwert kann in seiner Kaufkraft schwanken. Kann man im Zeitablauf mehr Waren oder Dienstleistungen für einen bestimmten Betrag erwerben, nennt sich dies Deflation. Das Gegen-

teil, also der Kaufkraftverlust, wird als Inflation bezeichnet. Deflation ist wesentlich seltener als Inflation; und auch die letzten hundert Jahre waren im Wesentlichen durch Inflation gekennzeichnet. Man konnte für einen bestimmten Geldbetrag also laufend weniger Güter und Dienstleistungen erwerben. So kostete der Bau der 1886 eingeweihten amerikanischen Freiheitsstatue damals 250.000 US-Dollar. Hundert Jahre später wurden für deren Renovierung geschätzte 100.000.000 US-Dollar ausgegeben. Dies entspricht dem 400-fachen Betrag oder einer Inflation von 16,2 % pro Jahr – ein eindrucksvolles Beispiel, wie der Kaufkraftverlust etwa der Weltwährung US-Dollar mit der Zeit voranschreitet. Bei vielen anderen Währungen sieht das Bild noch deutlich düsterer aus.

Zu den Geldwerten zählen Sparbücher, Festgeldkonten und jede Art von festverzinslichen Wertpapieren. Die Zinsen, die diese Anlagen abwerfen, sollten den erwarteten Kaufkraftverlust und die mit der Anlage eingegangenen Risiken ausgleichen. Betragen die Zinsen für deutsche Staatsanleihen mit 10 Jahren Restlaufzeit zum Beispiel 1,5 % pro Jahr und beläuft sich die Inflation auf 2 % pro Jahr, so steigt das Vermögen nominal, also vor Berücksichtigung von Inflation, jedes Jahr leicht an. Das Vermögen nimmt zwar zu, aber real, also nach Berücksichtigung des Kaufkraftverlustes durch die Inflation, sinkt die Menge an Gütern und Dienstleistungen, die man dafür kaufen kann, trotzdem um 0,5 % pro Jahr. Man wird also real ärmer, obwohl der Kontostand stetig steigt. In einer Niedrigzinsphase, wie wir sie aktuell erleben, kann sich niemand dieser heimlichen und schleichenden Enteignung mit Geldwerten entziehen.

Von wenigen Ausnahmen abgesehen unterscheiden sich die verschiedenen Geldwertanlagen durch die Höhe des eingegangenen Risikos und den damit verbundenen Mehrertrag im Vergleich zu einer »absolut sicheren« Anlage wie z. B. zu deutschen Staatsanleihen. Je höher also das Risiko einer Anlage, desto höher ist in der Regel auch der angebotene Zinssatz.

Bietet ein Unternehmen z. B. für eine Anleihe mit einer Laufzeit von fünf Jahren einen Zinssatz von 9 % pro Jahr, während die vergleichbare »sichere Anlage«, eine deutsche fünfjährige Staatsanleihe, nur mit 0,5 % rentiert, dann ist höchste Vorsicht geboten. Auch wenn die besagte Anleihe »Mittelstandsanleihe« heißt und Solidität und Sicherheit suggeriert, ist das Risiko, dass für diese Anleihe die Zins- oder sogar die Rückzahlung ausfällt, um ein Vielfaches höher als bei der sicheren Anlage!

Das heißt nicht, dass in diese Anleihen nicht investiert werden darf, sondern lediglich, dass nicht ohne eingehende Analyse des emittierenden Unternehmens investiert werden darf. Man muss sich eben ein genaues Bild darüber machen, ob das eingegangene Risiko angemessen verzinst wird.

Unter Sachwerten versteht man den Gebrauchswert von Wirtschaftsgütern wie Grundstücken, Häusern, Unternehmen, Maschinen, Rohstoffen oder auch Wein, Zigaretten etc. Der Wert dieser Sachwerte ist nicht an einen Nennwert oder eine Währung gebunden, sondern hat einen »inneren Wert«. Ein Sachwert ist beispielsweise der »Wohnwert«, den eine Immobilie darstellt, oder die Fertigungskapazität eines Unternehmens. Dies führt dazu, dass die Preise von Sachwerten in inflationären Phasen normalerweise steigen. Dies stellt dann einen gewissen Inflationsausgleich sicher. Wer also der Inflation ein Schnippchen schlagen will, sollte einen spürbaren Teil seines Vermögens in Sachwerten anlegen. Was verschiedene Anlageformen in der Vergangenheit an Rendite gebracht haben, zeigt Tabelle 1.

Für den Investor, der von seinen laufenden Erträgen, dem Cashflow, leben möchte, ist jedoch neben der Betrachtung der Gesamtrendite von besonderem Interesse, welche laufenden Erträge er mit seinem Vermögen in Form von Zinsen, Dividenden oder Mieteinkünften erzielen kann (siehe Tabelle 2).

| 1990-2016 (p.a.) | Vor Steuern, vor Inflation (brutto nominal) | Nach Steuern, vor Inflation (netto nominal) | Nach Steuern, nach Inflation (netto real) |
|---|---|---|---|
| Deutsche Staatsanleihen (REX Performance Index) | 5,8 % | 4,3 % | 2,8 % |
| Deutsche Aktien (DAX) | 7,1 % | 5,2 % | 3,7 % |
| Internationale Aktien (Weltaktienindex TR) | 4,3 % | 3,1 % | 1,6 % |
| Rohstoffe (Continuous Commodity Index) | 2,3 % | 1,7 % | 0,2 % |
| Immobilien (EPRA Index TR) | 1,8 % | 1,3 % | -0,2 % |

*Tabelle 1: Jährliche Renditen verschiedener Anlageformen 1990 bis 2016,*
*Quelle: Bloomberg, eigene Berechnungen*

| Laufende Erträge vor Steuern / nach Steuern | 1990 | 2000 | 2010 | 2017 |
|---|---|---|---|---|
| Zehnjährige Bundesanleihe (REX Performance Index) | 9,0 % / 6,6 % | 4,9 % / 3,6 % | 3,0 % / 2,2 % | 0,37 % / 0,27 % |
| Deutsche Aktien (DAX) | k.A. | 2,0 % / 1,5 % | 2,7 % / 2,0 % | 2,8 % / 2,1 % |
| Internationale Aktien (Weltaktienindex TR) | k.A. | 1,4 % / 1,0 % | 2,4 % / 1,8 % | 2,4 % / 1,8 % |
| Rohstoffe (Continuous Commodity Index) | 0 % | 0 % | 0 % | 0 % |
| Immobilien (EPRA Index TR) | | | 6,4 % / 4,7 % | 3,8% / 2,8 % |

*Tabelle 2: Laufende jährliche Erträge aus verschiedenen Anlageformen,*
*Quelle: Bloomberg, eigene Berechnungen*

Hier fällt die Analyse der aktuellen, rechten Spalte sehr ernüchternd aus. Klar ersichtlich ist: Anders als vor 18 bzw. 28 Jahren erfordert es aktuell ein ziemlich großes Vermögen, um mit zinstragenden »sicheren« Staatsanleihen sein Auskommen zu haben. Anders sieht das Bild bei den Dividenden deutscher und internationaler Aktientitel aus: Diese belaufen sich auf ein Vielfaches der Zinsen und sind

darüber hinaus in den letzten 8 bzw. 18 Jahren sogar noch gestiegen. Anders als feste Zinsen können Dividenden im Laufe der Jahre bei sorgfältig ausgewählten Unternehmen auch steigen, und in der Tat sind die Dividenden entsprechender Aktien in der Vergangenheit deutlich stärker angestiegen als die Inflation.

## 1.2 Das zinslose Risiko

Wer sich im heutigen Niedrigzinsumfeld langlaufende Anleihen ins Depot legt, der erhält nicht nur eine historisch tiefe Verzinsung für sein Geld, sondern geht zudem ein erhebliches Zinsänderungsrisiko ein. Abbildung 1 zeigt, wie stark sich die Umlaufrenditen inländischer Inhaberschuldverschreibungen in der Vergangenheit geändert haben.

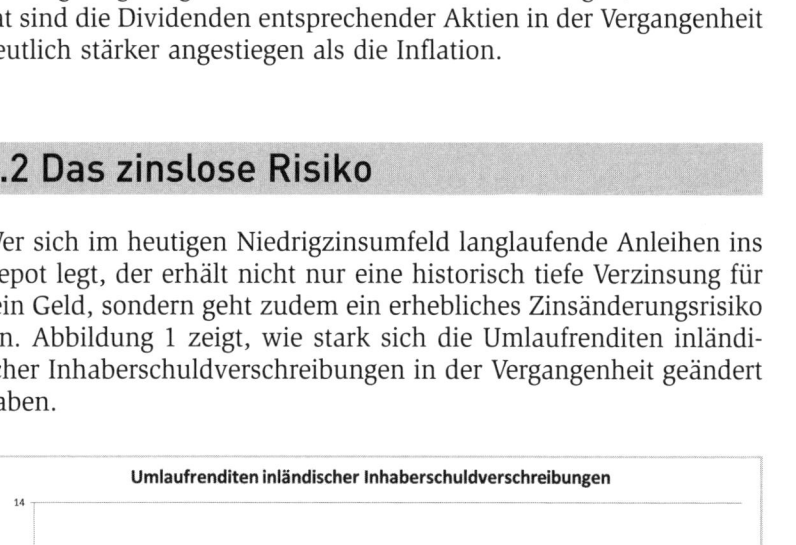

*Abbildung 1: Umlaufrenditen inländischer Inhaberschuldverschreibungen 1955 bis 2017, Quelle: Deutsche Bundesbank*

Wie sieht dieses Risiko in der Praxis aus? Ein Anleger erwirbt z. B. eine sehr lange laufende 2-%-Anleihe für 100 EUR, weil der marktübliche Zinssatz 2 % beträgt. Diese Anleihe bringt ihm also jedes Jahr 2 EUR an Zinsen. Nun verändert sich das Marktumfeld, die Zinsen steigen auf 5 %. Was ist diese Anleihe jetzt noch wert? Ein potenzieller Käufer stellt folgende Überlegung an: Er erhält jedes Jahr 2 EUR Zins. Von welchem Betrag aus gerechnet entsprechen 2 EUR einem Zinssatz von 5 %? Die Antwort lautet 40 EUR, weil 40 EUR x 5 % = 2 EUR ergibt. Ein Käufer wird dementsprechend nur noch 40 EUR für diese Anleihe zahlen, und der ursprüngliche Investor hat damit 60 % seines Einsatzes verloren.

Man könnte jetzt einwenden, dass der ursprüngliche Investor ja nicht verkaufen muss, da er am Ende der Laufzeit wieder 100 EUR zurückerhält, und damit nichts verliert. Das ist aber nur die halbe Wahrheit. Denn er könnte in der Zwischenzeit ja deutlich höhere Erträge für sich verbuchen. Hält er die Anleihe bis zur Fälligkeit, hat er zumindest einen sogenannten Opportunitätsverlust.

Wie stark die Kurse einer Anleihe mit bestimmter Restlaufzeit bei einer Zinsänderung tatsächlich sinken, wird aus Abbildung 2 ersichtlich. Für die Restlaufzeiten von 2, 10 und 30 Jahren ist hier das Zinsänderungsrisiko angegeben. Man sieht auf den ersten Blick, dass die Verlustrisiken von der restlichen Laufzeit abhängen. Sie sind bei kurzen Restlaufzeiten sehr viel geringer als bei langen.

Man könnte ja nun einfach Anleihen mit kurzer Restlaufzeit kaufen und so dem Schwankungsrisiko aus dem Weg gehen. Aber leider ist die Verzinsung kurzlaufender Anleihen regelmäßig deutlich niedriger als bei langen. Diese Option stellt damit keine sinnvolle Handlungsalternative dar. Der Anleger ist wie so oft in der Zwickmühle. Entweder er entscheidet sich für eine sehr niedrige Rendite bei wenig Risiko oder er wählt eine recht niedrige Rendite bei hohem Risiko. Auch hier zeigt sich also: Chance und Risiko gehen immer Hand in Hand.

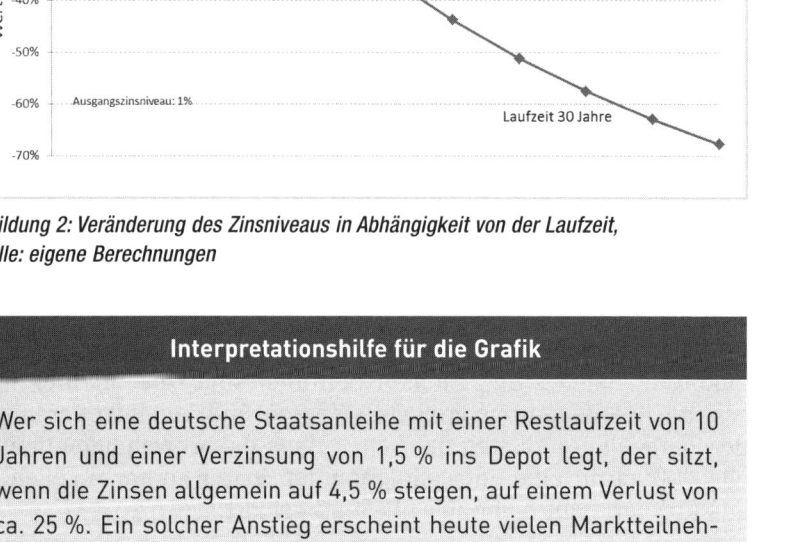

*Abbildung 2: Veränderung des Zinsniveaus in Abhängigkeit von der Laufzeit,*
*Quelle: eigene Berechnungen*

## Interpretationshilfe für die Grafik

Wer sich eine deutsche Staatsanleihe mit einer Restlaufzeit von 10 Jahren und einer Verzinsung von 1,5 % ins Depot legt, der sitzt, wenn die Zinsen allgemein auf 4,5 % steigen, auf einem Verlust von ca. 25 %. Ein solcher Anstieg erscheint heute vielen Marktteilnehmern sehr unwahrscheinlich, ist aber, wie die Geschichte zeigt, ganz bestimmt nicht ausgeschlossen.

Bei den heutigen Zinssätzen kann bei festverzinslichen Wertpapieren nicht mehr wie früher von einem risikolosen Zins, sondern eigentlich nur noch von einem zinslosen Risiko gesprochen werden. Das bisher wenig beachtete Kursrisiko bei festverzinslichen Anleihen wird früher oder später bei vielen konservativen Investoren für lange Gesichter sorgen.

Besonders Vorsichtige können natürlich Kursrisiken komplett vermeiden, indem sie in verzinsliche Produkte investieren, die gar nicht an der Börse notiert werden. In Deutschland sind dies unter anderem Sparbücher, Tages- und Festgelder. Während sich weitgehend herumgesprochen hat, dass es sich bei Sparbüchern schon seit langem um aktive Kapitalvernichtung handelt, erfreuen sich Tages- und Festgelder immer noch ausgesprochen hoher Beliebtheit. Doch sind nicht allein die Minizinsen von Nachteil, die nach Inflation und Kapitalertragsteuer nicht einmal für den realen Kapitalerhalt sorgen. Zudem unterliegen Tages- und Festgelder auch noch einem anderen Risiko, nämlich dem Bonitätsrisiko der Bank. Das Beispiel Zypern hat hoffentlich auch dem letzten Zweifler gezeigt, dass Bankeinlagen nicht vollständig sicher sind. Gerade noch sind Anleger mit Ersparnissen unter 100.000 EUR davongekommen. Kunden der zweitgrößten Bank Zyperns verlieren voraussichtlich alle Ersparnisse oberhalb dieser Grenze. Ob es bei einer solchen Sparerenteignung bleibt, ist fraglich, insbesondere wenn zukünftig Banken und Staaten betroffen sind, die in ihrer wirtschaftlichen Bedeutung größer als Zypern sind. Auch woher im Fall der Pleite einer größeren deutschen Bank die notwendigen finanziellen Mittel für eine Entschädigung der Sparer kommen sollen, ist aus unserer Sicht nicht abschließend geklärt.

Da man selbst bei vielen Staatsanleihen nicht sicher sein kann, ob sie jemals zurückgezahlt werden, und da heute selbst bonitätsstarke Länder wie Deutschland eventuell durch die Vergemeinschaftung der Schulden mit in den Sumpf gezogen werden können, bleiben als Ausweg bei den festverzinslichen Papieren nur Anleihen von solventen Unternehmen als Alternative zu Aktien.

### Die deutsche Einlagensicherung

Mit dem spektakulären Konkurs der Herstatt-Bank im Jahr 1974, bei der Privatkunden knapp 20 % ihrer Einlagen bei der Bank verloren, kam das Thema Sicherungssysteme der Banken wieder auf die Tagesordnung. Eine gesetzliche Pflicht, den bestehenden Sicherungseinrichtungen beizutreten, bestand zunächst nicht, jedoch folgte 1986 eine Empfehlung der EU-Kommission und 1997 eine verbindliche Richtlinie. Seit Dezember 2010 sind durch das Einlagensicherungs- und Anlegerentschädigungsgesetz EU-weit 100 % der Einlagen bis maximal 100.000 EUR pro Person geschützt, bei Gemeinschaftskonten also 100 % von 200.000 EUR. In Deutschland betreiben allerdings auch Banken mit Hauptsitz im Ausland Geschäfte, die nicht der deutschen gesetzlichen Einlagensicherung unterliegen. In Deutschland bieten viele Banken über die Einlagensicherungsfonds oder -systeme der jeweiligen Bankenverbände weitere Absicherungen an, die die Einlagen der Kunden weit über die gesetzlichen Anforderungen hinaus schützen. Ob diese Sicherungssysteme allerdings auch nur die Insolvenz einer einzigen größeren Bank abfangen können, ist bis heute nicht durch einen Ernstfall verifiziert worden. Skepsis ist angebracht. Am 8. November 2017 empfahl die EZB die Abschaffung der Einlagensicherung, um im Krisenfall einen Bail-in zu ermöglichen, der auch die Guthaben von Kleinsparern umfasst.

# 1.3 Sind Immobilien eine gute Lösung?

Eine der Anlagen, die sicherlich fast jedem Deutschen einfallen, wenn von Sachwerten die Rede ist, sind Immobilien. Viele Anleger besitzen bereits eine Immobilie, auch wenn sie diese vielleicht

selbst bewohnen. Damit sind sie in dieser Anlageklasse investiert. Wenngleich Immobilien ein wunderbares Investment sein können, sollte man nicht vergessen, dass sie einer ganzen Reihe von häufig vernachlässigten Risiken unterliegen.

Zum fest verankerten Wissen um Immobilien gehört, dass diese nicht im Wert fallen. Diese Fehleinschätzung hat in erster Linie damit zu tun, dass der Preis einer Immobilie nicht jeden Tag aufs Neue berechnet und veröffentlicht wird. Viele Anleger erfahren von der tatsächlichen Wertveränderung ihrer Immobilie erst nach vielen Jahren, wenn diese verkauft werden soll. Dass eine stetige Wertsteigerung ein Ammenmärchen ist, belegen viele Beispiele. Abbildung 3 und 4 verdeutlichen dies für Japan und die USA.

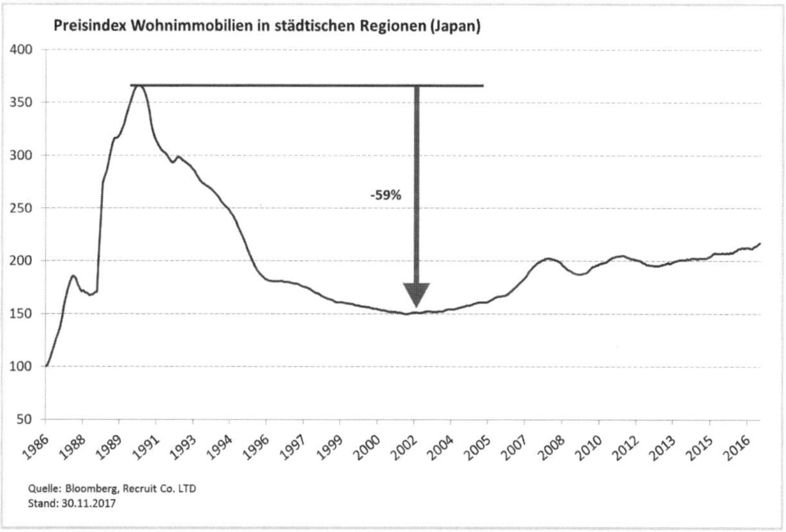

*Abbildung 3: Preisindex Wohnimmobilien in städtischen Regionen Japans, Quelle: Bloomberg, Recruit Co. LTD*

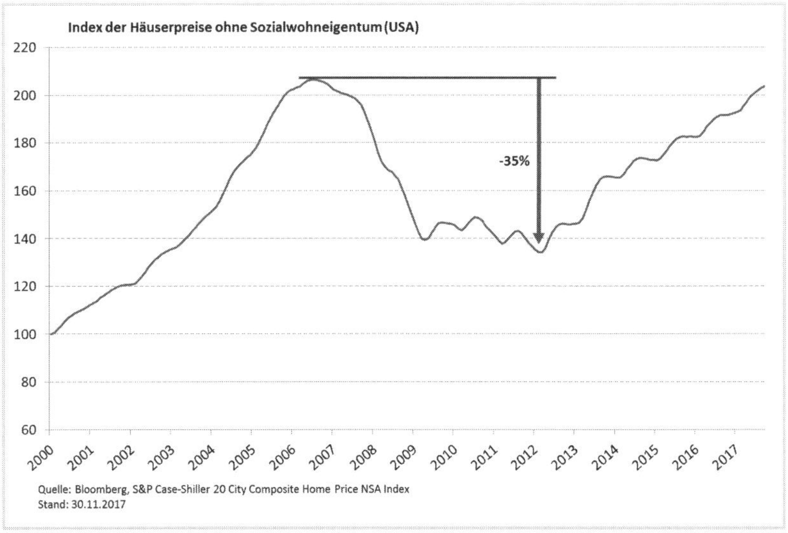

Index der Häuserpreise ohne Sozialwohneigentum (USA)

-35%

Quelle: Bloomberg, S&P Case-Shiller 20 City Composite Home Price NSA Index
Stand: 30.11.2017

*Abbildung 4: Index der Häuserpreise ohne Sozialwohnungen in den USA,*
*Quelle: Bloomberg*

Deutschland ist bisher im Großen und Ganzen mit Ausnahme einiger Gebiete im Osten, die nach der Wiedervereinigung einen wahren Run erlebten, von einer solchen Entwicklung verschont worden, aber das ist keine Garantie für die Zukunft. Gerade die für die Wirtschaftsentwicklung in Deutschland viel zu niedrigen Zinsen fördern die Spekulation mit Immobilien. Waren es nicht auch in Spanien die viel zu niedrigen Zinsen nach der Einführung des Euro, die zur dortigen Immobilienblase geführt haben? Man darf gespannt sein, ob wir in Deutschland vor einer ähnlichen Entwicklung stehen. Darüber hinaus sind für Immobilieninvestments in den interessanten Ballungsräumen sehr hohe Tranchengrößen erforderlich. Wer über verschiedene Regionen und Nutzungsarten diversifizieren will, muss über erhebliche Summen verfügen, und ist selbst dann erst in einer Anlageklasse investiert.

Weitere Kosten können dadurch entstehen, dass der Besitzer einer einzelnen Immobilie in der Regel kein Vermietungsprofi ist. Dadurch fallen sehr hohe Kosten in der Verwaltung der Immobilie an, weil er teuer erworbenes Know-how nur auf sehr wenige Einheiten umlegen kann. Dagegen können große Immobilienkonzerne die Kosten in der Regel auf Tausende von Einheiten umlegen. Der mit der Vermietung einer Immobilie verbundene Arbeitsaufwand wird zudem häufig unterschätzt. Reparaturen, Umlagen, Mietausfälle etc. erfordern professionelles Handeln. Auch der zeitliche und finanzielle Aufwand bei Teileigentum für Instandhaltung und Eigentümerversammlungen ist beträchtlich. Die Vermietung kleiner Einheiten ist bei Vollkostenrechnung wahrscheinlich deutlich weniger profitabel, als von der Allgemeinheit angenommen.

Aus der meist kapitalbedingten mangelhaften Diversifikation erwachsen weitere Risiken. So kann ein einziger Mietnomade die ganze Kalkulation umwerfen. Dazu ist der Wert einer Immobilie an die wirtschaftliche Entwicklung des Standortes gebunden. Nicht auszudenken, was z. B. den Immobilienpreisen am Standort Stuttgart drohen würde, sollte die Automobilbranche in ernsthafte Schwierigkeiten geraten. Wer das für undenkbar hält, der schaue sich einmal die Automobilstadt Detroit an, die gerade Insolvenz angemeldet hat. Last but not least sind interessante Immobilien in wachstumsstarken Ballungsräumen inzwischen so teuer geworden, dass ein Investment wenig lohnend erscheint.

In einigen strukturschwachen Regionen sind dagegen Immobilien zu akzeptablen Preisen schwer an den Mann oder die Frau zu bringen, ja sie sind sogar praktisch unvermietbar und unverkäuflich. Wer das nicht glaubt, der schaue sich die Auktionskataloge der Deutschen Grundstücksauktionen AG genauer an. Hier werden optisch ansprechende Immobilien mit teilweise riesigen Grundstücken in den neuen Bundesländern für niedrige fünfstellige Summen angeboten. Oft wechseln sie den Besitzer trotzdem nicht. Und selbst in Ballungsregionen kann es dauern, bis für eine Immobilie der rich-

tige Käufer gefunden ist. Richtig »flüssig« ist man mit einer Immobilienanlage nicht.

Bis vor einigen Jahren bot die Anlage in offene Immobilienfonds eine bequeme Lösung mit adäquater Verzinsung an. Inzwischen ist diese Anlageklasse allerdings in Verruf geraten. Eine große Anzahl von ehemals offenen Immobilienfonds ist derzeit geschlossen, d. h., es können keine Gelder entnommen werden, und die Fonds befinden sich in Abwicklung. Die »Abwicklung« ist bisher regelmäßig mit hohen Verlusten verbunden.

Einen möglichen Ausweg für Immobilieninvestments stellen Unternehmensbeteiligungen in sogenannte geschlossene Immobilienfonds dar. Die Auswahl ist nicht Gegenstand dieses Buches und stellt eine gewaltige Herausforderung dar. Die Laufzeiten betragen oft 20 Jahre und länger. Außerdem kam es in der Vergangenheit bei solchen geschlossenen Beteiligungen regelmäßig zu einem Verlauf, der weitaus schlechter war als im Prospekt angekündigt.

## 1.4 Sind Aktien eine Lösung?

Aktien haben über sehr lange Zeiträume stets eine höhere Wertentwicklung erzielt als festverzinsliche Anlagen. In Verruf gerieten sie allerdings in den 70er-Jahren und ebenso in der Zeit, die auf die Jahrtausendwende folgte. Denn in diesen Zeiträumen wiesen sie selbst über zehn Jahre hinweg eine nur sehr unbefriedigende Entwicklung auf. Dies lag aber in beiden Phasen nicht an einer schwachen Wirtschaftsentwicklung oder an schrumpfenden Unternehmensgewinnen, sondern daran, dass Aktien zu Beginn der jeweiligen Periode schlichtweg zu teuer waren. Die Unternehmensgewinne stiegen fröhlich weiter, während der Preis der Aktien unter hohen Schwankungen nach unten sackte. Danach war die Bewertung dann wieder günstig und eine weitere Phase des Kursanstieges wurde eingeläutet.

**Grundsätzlich gilt:**

Über langfristige Zeiträume ist der Investor mit Aktien am realen Wirtschaftswachstum beteiligt. Die Kurse spiegeln das aber nur dann wider, wenn die Aktien nicht zu teuer eingekauft werden.

Häufig läuft beim Aufbau und bei der Pflege eines Aktienportfolios etwas schief, und die Ergebnisse sind für den Investor unbefriedigend bis enttäuschend. Das liegt zum einen daran, dass die Auswahl der Aktien oft zufällig und ohne System oder Strategie erfolgt ist. In vielen deutschen Depots finden sich fragwürdige Kandidaten wie die Deutsche Telekom oder Daimler. Bei jüngeren Leuten sind es Aktien wie Apple oder Facebook. Der Grund dafür ist in beiden Fällen aber ähnlich. Sie befinden sich nicht im Depot, weil sich der Inhaber mit dem Unternehmen, dessen Finanzkennzahlen, Bewertung und Geschäftsmodell auseinandergesetzt hat, sondern weil er die Produkte kennt oder nutzt, weil ein Bekannter die gleichen Aktien hat oder weil wie im Fall der Deutschen Telekom eine erfolgreiche Werbekampagne geschaltet wurde. Oder bestimmte Aktien befinden sich in einem Index und werden deshalb gekauft, siehe Indexinvestments. Zudem wird bei Kursrückschlägen oft falsch reagiert. Es sind keine Absicherungsstrategien installiert, die greifen, wenn die Märkte mal wieder den Rückwärtsgang einlegen, sondern die Aktien werden am, oder nahe dem Tiefpunkt panikartig verkauft, was den Abwärtstrend dann noch verstärkt. Eben wegen der fehlenden Aktienkultur sind die Deutschen nach den Erfahrungen von 2001/02 und 2008/09 von der Börse frustriert. Das muss nicht sein!

Mit der Anlagestrategie, die wir in diesem Buch vorstellen, werden die Aktien nach dem von ihnen für uns produzierten Cashflow ausgewählt. Dieser Cashflow kommt durch laufende Ausschüttungen

in Form von Dividenden oder durch Aktienrückkäufe zustande. Bei Aktienrückkäufen fließt das Geld nicht direkt an den Investor, aber das Unternehmen kauft selbst Aktien zurück und vernichtet diese. Dadurch steigt der Anteil des Investors am Unternehmen und damit auch an den zukünftigen Dividendenausschüttungen. Zahlt ein Unternehmen keine Dividende, dann kommt es erst gar nicht in die Auswahl. Dividenden sind ein Muss-, Aktienrückkäufe ein Kann-Kriterium.

Betrachten wir ein Mietshaus. Wir investieren eine bestimmte Summe und erhalten im Gegenzug einen laufenden Cashflow in Form von Mieteinnahmen. Solange wir das Mietshaus zu einem angemessenen Preis erworben haben und die Mieteinnahmen laufen, müssen wir uns nicht jeden Tag darum kümmern, ob der Preis unseres Hauses gefallen der gestiegen ist. Vielleicht ist es sinnvoll, einmal im Jahr zu schauen, ob es eventuell inzwischen interessantere Objekte zu kaufen gibt, mehr aber ist nicht erforderlich. Mit der gleichen Einstellung wollen wir uns in diesem Buch auch den Aktien nähern.

### Die Kaffeebüchse

Das populärste Verfahren für private Kapitalanlagen ist die sogenannte Kaffeebuchse. Man hat einen bestimmten Betrag liquide und entdeckt in einer Publikation oder beim Gespräch mit Freunden und Bekannten eine interessante Anlage. Oder der Bankberater preist einen neuen Fonds mit hohen Gewinnchancen an. Die Investition wird getätigt, aber eine Einordnung im Rahmen einer Gesamtstrategie findet nicht statt. Ist die Anlage dann erst einmal im Portfolio, in der Kaffeebüchse, kommt der sprichwörtliche Deckel drauf, und dann wird zunächst nicht mehr in die Büchse geschaut.

## 1.5 Zusammenfassung

Eine sichere Anlage für ein größeres Vermögen mit dem Ziel stabiler, inflationsgesicherter laufender Erträge zu tätigen, ist heute viel schwieriger als zu irgendeinem Zeitpunkt in den vergangenen 30 Jahren.

Festverzinsliche Anlagen bringen nach Steuern und Inflation negative Erträge und unterliegen trotzdem noch weiteren Risiken wie Zinssteigerungen Schuldenschnitten, etc.

Immobilien stellen keine sinnvolle Alternative dar, weil kleine Einheiten bei genauerem Hinsehen nicht sehr profitabel sind und weil man der Bildung von Klumpenrisiken nur mit sehr großen Vermögen entgehen kann.

Aktien stellen mit ihren laufenden Dividendenerträgen eine interessante Alternative dar, die wir in den nächsten Kapiteln genauer unter die Lupe nehmen werden.

Als ergänzende Notlösung für den festverzinslichen Anteil eines gut strukturierten Depots können Unternehmensanleihen fungieren.

# 2 Wie funktioniert Cashflow-Investing?

Beim Cashflow-Investing konzentrieren wir uns bei der Auswahl der Aktien auf die Beträge, die uns in Form von Dividenden und Aktienrückkäufen zufließen, wobei die Dividende hohe Priorität genießt. Dass sich diese Konzentration auf laufende Erträge in Form von Dividenden lohnt, ist aus der unten stehenden Abbildung 5 zu entnehmen. Der S&P 500 Total Return stellt die Entwicklung der 500 größten amerikanischen Unternehmen einschließlich reinvestierter Dividende dar, der S&P 500 Dividend Aristocrats stellt die Entwicklung der Dividenden-Aristokraten dar. Das sind diejenigen US-Unternehmen, die seit 25 oder mehr Jahren jedes Jahr eine steigende Dividende bezahlt haben.

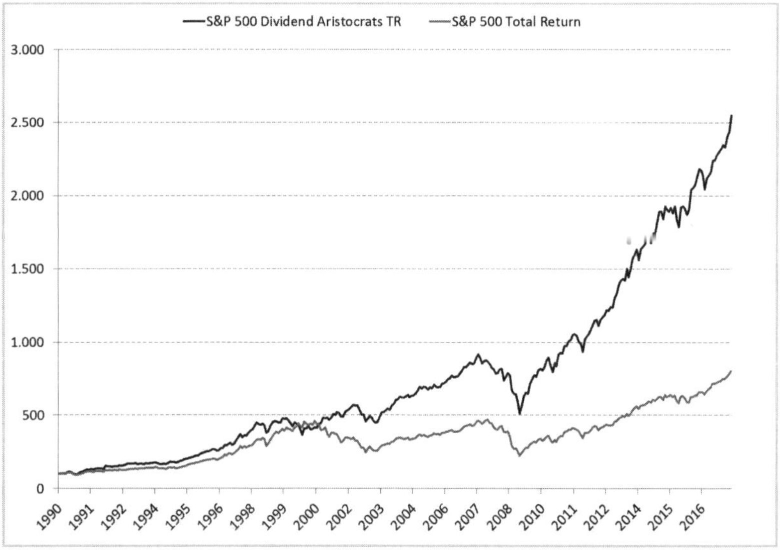

*Abbildung 5: Kursentwicklung des S&P 500 Dividend Aristocrats im Vergleich zum S&P 500, Quelle: Bloomberg, eigene Berechnungen*

Allerdings ist an der Entwicklung im Jahr 2008, in der auch die besten Dividendenwerte mehr als 45 % verloren, zu ersehen, dass Aktieninvestments auch mit hohen zwischenzeitlichen Verlusten verbunden sein können. Am besten plant man als Anleger solche möglichen Rückgänge von Anfang an in seine Investmentstrategie mit ein. Es gibt zwar Möglichkeiten für ein aktives Risikomanagement, aber ein immer verlässliches Patentrezept zur Vermeidung von Verlusten gibt es nicht.

Da Dividenden mittlerweile deutlich stärker als bei den ersten beiden Auflagen dieses Buches ein Modethema geworden sind, sollte die Auswahl der Aktien mit großer Sorgfalt im Hinblick auf die Bewertung erfolgen. Wer gute Anlageergebnisse erzielen will, sollte nicht einfach nur nach der Höhe der Dividenden kaufen, obwohl das bisher vergleichsweise passabel funktioniert hat.

## 2.1 Einfache Dividendenstrategien

Zunächst beginnen wir mit den einfachen Dividendenstrategien, die eine vergleichsweise simple, schematische Auswahl von Dividendenaktien ermöglichen.

### Dogs of the Dow

Sozusagen die Mutter aller Dividendenstrategien nennt sich »Dogs of the Dow«, zu Deutsch die »Hunde des Dow«. Mit Dow ist in diesem Zusammenhang der Dow Jones Industrial Average (DJIA) gemeint, in dem 30 der größten Unternehmen der USA berücksichtigt werden. Der DJIA wurde bereits 1884 von Charles Dow, dem späteren Gründer des Wall Street Journal, erstmals berechnet und seit 1896 veröffentlicht. Zunächst bestand der Index aus zwölf Unternehmen, er wurde aber 1916 auf 20 und 1928 dann auf den heutigen

Umfang von 30 Aktiengesellschaften erweitert. Auch heute noch entscheidet das auflagenstarke Wall Street Journal über die Aufnahme einer Aktiengesellschaft in den DJIA. Damit ist dieser Index nach dem Railroad Average (heute Dow Jones Transportation Average) der älteste Index, der heute noch in Gebrauch ist.

Die »Dogs-of-the-Dow«-Strategie wurde 1981 von Michael O'Higgins erstmalig beschrieben. Sie funktioniert wie folgt: Am 31.12. eines Jahres, nach Börsenschluss, wählt man aus den 30 Werten des Dow Jones Industrial Average die zehn Werte mit der höchsten Dividendenrendite aus. Diese Prozedur wird jedes Jahr aufs Neue wiederholt. Fertig. Einfacher geht es nicht.

Mit der »Dogs-of-the-Dow«-Strategie konnte ein Anleger über viele Jahre recht eindrucksvolle Renditen erzielen, wie Abbildung 6 veranschaulicht.

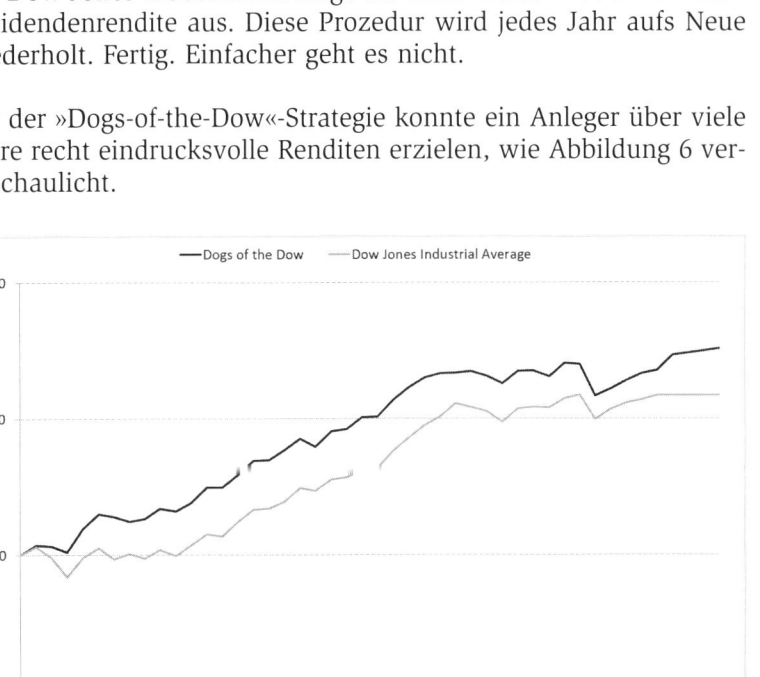

*Abbildung 6: Kursentwicklung »Dogs of the Dow« im Vergleich zum DJIA, 1971 bis 2011*

Auch ohne besonders scharfen Blick ist allerdings zu erkennen, dass seit einigen Jahren das Ergebnis dieser Strategie zu wünschen übrig lässt. Erst während der letzten drei bis vier Jahre lief es wieder besser, allerdings ist das Jahr 2017 (siehe Tabelle 3) bis dato kein erstklassiger Jahrgang. Ganz so einfach geht es anscheinend eben doch nicht.

Für das Jahr 2017 bestehen die »Dogs of the Dow« aus folgenden Werten:

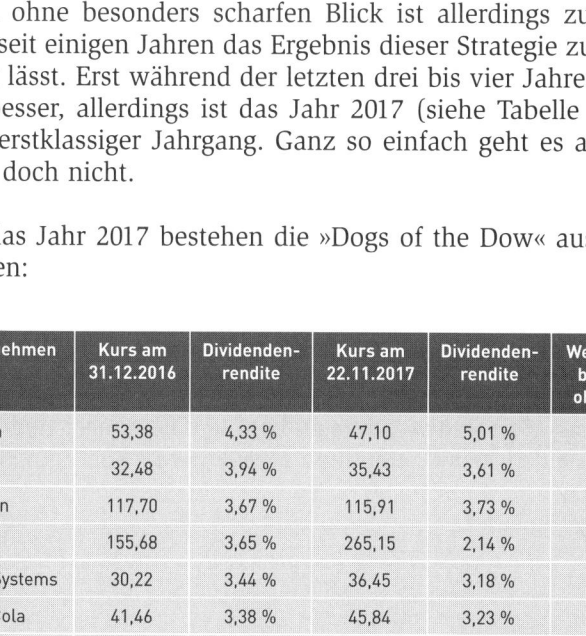

| Unternehmen | Kurs am 31.12.2016 | Dividenden-rendite | Kurs am 22.11.2017 | Dividenden-rendite | Wertentwicklung bis 22.11.2017 ohne Dividende |
|---|---|---|---|---|---|
| Verizon | 53,38 | 4,33 % | 47,10 | 5,01 % | -11,76 % |
| Pfizer | 32,48 | 3,94 % | 35,43 | 3,61 % | 9,08 % |
| Chevron | 117,70 | 3,67 % | 115,91 | 3,73 % | -1,52 % |
| Boeing | 155,68 | 3,65 % | 265,15 | 2,14 % | 70,32 % |
| Cisco Systems | 30,22 | 3,44 % | 36,45 | 3,18 % | 20,62 % |
| Coca-Cola | 41,46 | 3,38 % | 45,84 | 3,23 % | 10,56 % |
| IBM | 165,99 | 3,37 % | 151,77 | 3,95 % | -8,57 % |
| ExxonMobil | 90,26 | 3,32 % | 81,10 | 3,80 % | -10,15 % |
| Caterpillar | 92,74 | 3,32 % | 138,01 | 2,26 % | 48,81 % |
| Merck | 58,87 | 3,19 % | 54,37 | 3,46 % | -7,64 % |
| Durchschnitt der »Dogs« | | 3,56 % | | 3,44 % | 11,97 % |
| Dow Jones Industrial Average | 19.762,60 | 2,65 % | 23.526,18 | 2,49 % | 25,04 % |

Tabelle 3: »Dogs-of-the-Dow«-Auswahl im Jahr 2017,
Quelle: http://dogsofthedow.com/dogytd.htm

Im Laufe der Jahre wurde der Strategie noch ein freches Brüderchen zur Seite gestellt: die »Small-Dogs-of-the-Dow«-Strategie. Diese unterscheidet sich vom Original lediglich dadurch, dass nicht alle zehn

Werte, sondern nur die fünf mit dem niedrigsten Preis gekauft werden. Die Performance sollte höher sein, aber in den letzten Jahren war diese Strategie wesentlich schwankungsreicher. Die Gründer des in den USA sehr bekannten Blogs fool.com haben dann noch weiter an der Strategie gefeilt. Sie teilten für die 30 Werte die Dividendenrendite jeweils durch die Wurzel des letzten Kurses. Anschließend sortierten sie die Ergebnisse nach Größe absteigend und kauften jeweils die vier Aktien auf den Positionen zwei bis fünf. Diese Strategie nannten sie die »Foolish Four«, die »närrischen Vier«. Natürlich sollte diese Strategie noch viel besser sein, aber nach einigen Misserfolgen, sprich einer schauderhaften Performance, wurde sie im Jahr 2000 wieder eingestellt.

Die »Dogs-of-the-Dow«-Strategie lässt sich als »Hunde-des-DAX«-Ansatz sehr leicht auf den DAX übertragen, der ja ebenfalls 30 Werte enthält. Die Ergebnisse sind nicht schlecht, liegen aber um Längen hinter der Originalstrategie.

Die »Dogs-of-the-Dow«-Strategie ist nur von historischem Interesse und wird von uns nicht weiter untersucht.

## Dividendenindizes

Vor einigen Jahren wurden eine ganze Reihe von Dividendenindizes ins Leben gerufen, nicht zuletzt um der Popularität der »Dogs-of-the-Dow«-Strategie Rechnung zu tragen. Diese Indizes verfolgen zwar den Ansatz, in Dividendenwerte zu investieren, aber wählen dafür ganz unterschiedliche Wege. Ein paar Beispiele:

### DivDax
Der DivDax (siehe Abbildung 7) ist der Dividendenbruder des bekannten Dax. Er enthält er die 15 Dax-Werte mit der höchsten Dividende. Seine Zusammensetzung wird in der Regel jährlich angepasst.

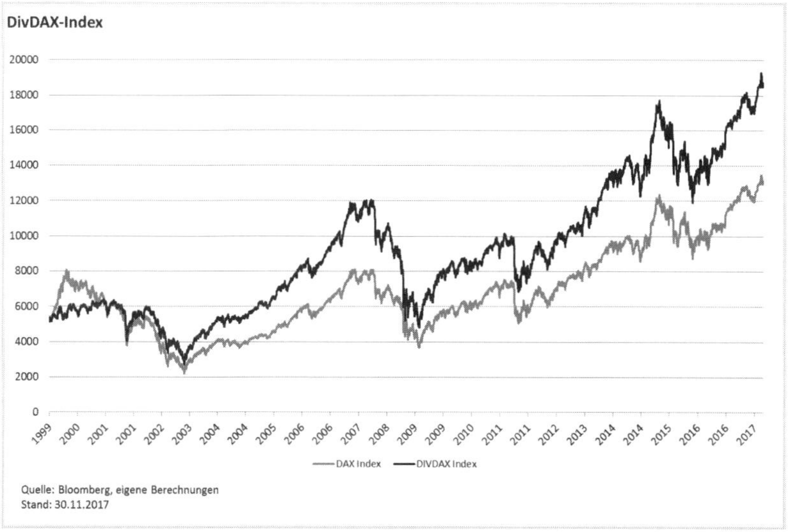

**DivDAX-Index**

Quelle: Bloomberg, eigene Berechnungen
Stand: 30.11.2017

*Abbildung 7: Die Entwicklung des DivDax im Vergleich zum DAX,*
*Quelle: Bloomberg, eigene Berechnungen*

### Die Dow-Jones-Select-Dividend-Indizes

Diese Indizes gibt es seit Anfang/Mitte der 2000er-Jahre für viele Länder und Regionen wie Australien, Deutschland, Japan, Kanada, Schweden, Schweiz, USA, Asien, Europa etc. Die Werte im Portfolio dürfen in den letzten fünf Jahren die Dividende nicht gesenkt haben und werden nach erwarteter Dividendenhöhe gewichtet.

### Stoxx-Select-Dividend- and Maximum-Dividend-Indizes

Die Titel dieser Indizes beruhen auf den jeweils zugrundeliegenden Lander- oder Regionenindizes. Ausgewählt werden die Werte mit der höchsten zuletzt gezahlten Dividendenrendite. Die Auswahl wird jährlich im März aktualisiert.

### S&P 500 Dividend Aristocrats

Der S&P 500 Dividend Aristocrats (siehe Abbildung 8) enthält die Aktien aus dem S&P 500, die seit mindestens 25 Jahren jedes Jahr

die Dividende gesteigert haben. Per 30. November 2017 sind dies 51 Werte. Erstmals aufgelegt wurde dieser Index am 2. Mai 2005. Doch gibt es Daten für diesen Index schon seit 1989, und daher werden wir diesen Index mehrmals in diesem Buch heranziehen, um die eine oder andere Aussage zu illustrieren.

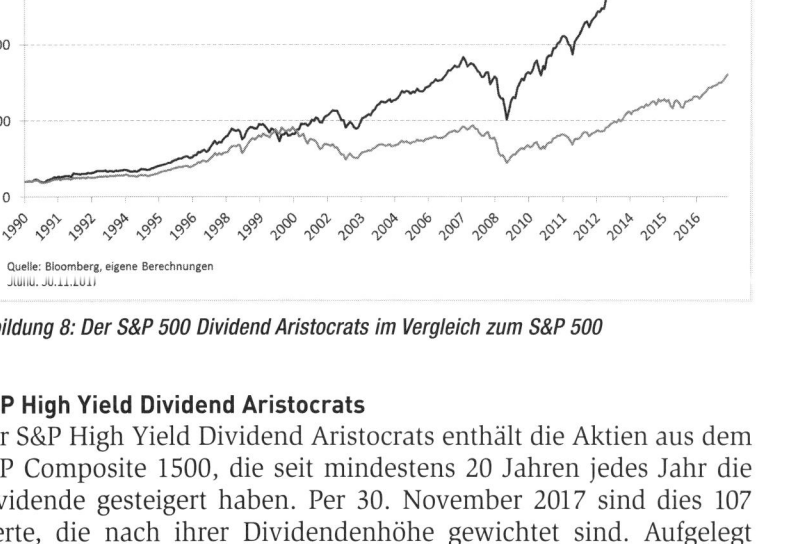

*Abbildung 8: Der S&P 500 Dividend Aristocrats im Vergleich zum S&P 500*

### S&P High Yield Dividend Aristocrats

Der S&P High Yield Dividend Aristocrats enthält die Aktien aus dem S&P Composite 1500, die seit mindestens 20 Jahren jedes Jahr die Dividende gesteigert haben. Per 30. November 2017 sind dies 107 Werte, die nach ihrer Dividendenhöhe gewichtet sind. Aufgelegt wurde dieser Index am 9. November 2005, doch gibt es schon seit 1999 Daten für diesen Index. Deshalb werden wir auch diesen Index

mehrmals in diesem Buch verwenden, um die eine oder andere Feststellung zu veranschaulichen.

Es gibt noch viele weitere Indizes für einzelne Länder (Großbritannien, Deutschland, Brasilien, Kanada etc.) und für Regionen (Global, Asien, Europa).

Für einige dieser Indizes sind Exchange Traded Funds (ETFs) verfügbar. So existiert auf den DivDax z. B. der iShares DivDAX [WKN: 263527 / ISIN: DE0002635273]

Zwar stellen Dividenden-Indizes eine wunderbare Quelle für Anlageideen dar. Jedoch investieren sie mechanisch und rein dividendenbasiert. Dies hat dazu geführt, dass vor der Finanzkrise viele dieser Indizes einen hohen Anteil an Bankenwerten enthielten. Entsprechend schlecht war im Jahr 2008 die Wertentwicklung.

Wer allerdings keine Arbeit in die Aktienauswahl investieren möchte bzw. keine eigenen Vorstellungen davon hat, was »gute« Dividendenwerte ausmacht, fährt mit ETFs auf Dividenden-Indizes wahrscheinlich deutlich besser als mit gar keiner Strategie.

# 3 Wie findet man wirklich gute Aktien?

Laut der »World Federation of Exchanges« sind allein in den USA mehr als 4.000 Unternehmen börsengelistet. In der Aktionärswüste Deutschland sind es immerhin noch ca. 660 Unternehmen, in die man investieren kann. Alle Unternehmen in Deutschland zusammengenommen sind ungefähr so viel wert wie die fünf größten amerikanischen Unternehmen zusammen (Exxon Mobil, Apple, Google, Microsoft und Berkshire Hathaway). Doch in welche Unternehmen davon lohnt es sich zu investieren?

Für Investoren nicht zu unterschätzen ist der Unterschied zwischen »Unternehmen« und »Aktie«. Ein bestimmtes Unternehmen kann fantastisch sein, seine Aktie jedoch ein komplettes Fehlinvestment, wenn sie zu teuer eingekauft wird. 1982 haben die McKinsey-Berater Tom Peters und Robert Waterman ihr vielbeachtetes und sehr lesenswertes Buch *In search of excellence. Lessons from America's best-run companies* (zu Deutsch: *Auf der Suche nach Spitzenleistungen. Was man von den bestgeführten US-Unternehmen lernen kann*) publiziert. In diesem Buch wurden amerikanische Unternehmen im Zeitraum von 1961 bis 1980 untersucht. Dabei wurden die »exzellenten« Firmen identifiziert: diejenigen, die überragende Kennzahlen bei Wachstum und Profitabilität auswiesen. Fünf Jahre später, im Jahr 1987, nahm Michelle Clayman dieses Buch als Ausgangspunkt für eine Investmentstudie. Von den ursprünglich 36 »exzellenten« Unternehmen waren nur noch 29 börsengelistet. Aus diesen formte Clayman sein »exzellentes« Portfolio. Darüber hinaus bildete Clayman noch ein weiteres Portfolio aus 39 »nicht exzellenten« Firmen, die nach allen von Peters und Waterman untersuchten Wachstums- und Profitabilitätskriterien im unteren Drittel aller im S&P 500 enthaltenen Unternehmen rangierten. Nach fünf Jahren wurden die Performance und die Kennzahlenentwicklung der Port-

folinunternehmen untersucht. Ergebnis: Die Kennzahlen der »exzellenten« Firmen hatten sich im Schnitt verschlechtert, die Kennzahlen der »nicht exzellenten« Unternehmen hatten sich im Durchschnitt verbessert. Noch eindrucksvoller waren die Anlageergebnisse nach fünf Jahren. Während das »nicht exzellente« Portfolio seinen Wert pro Jahr um mehr als 24 % steigern konnte, erzielte das »exzellente« Portfolio eine Wertsteigerung, die ungefähr dem Durchschnitt des S&P 500 entsprach, nämlich 12,7 %. Diese Ergebnisse wurden inzwischen von vielen weiteren akademischen Studien bestätigt. Für die beiden Unternehmensarten haben sich inzwischen auch Bezeichnungen etabliert. Die »exzellenten« Unternehmen werden als »Wachstums- oder Qualitätsunternehmen« und die »nicht exzellenten« als »Value-Unternehmen« bezeichnet.

Die Überschrift dieses Kapitels lautet deshalb bewusst nicht, »Wie findet man wirklich gute Unternehmen?«, sondern, »Wie findet man wirklich gute Aktien?«. Denn es besteht ein großer Unterschied zwischen einer sehr guten Aktie und einem sehr guten Unternehmen. Dieser Unterschied liegt im Preis, der an der Börse für das Unternehmen bezahlt wird. Sehr häufig stellen gute oder mittelmäßige Unternehmen, die zu einem sehr günstigen Preis zu haben sind, ein sehr viel besseres Investment dar, als sehr gute Unternehmen, die zu entsprechenden Premiumpreisen an der Börse notieren. Die besten Anlagechancen stellen allerdings sehr gute Unternehmen dar, die aufgrund temporärer Probleme oder schlechter Stimmung an den Börsen mit deutlichen Abschlägen gehandelt werden. Insgesamt ist der Preis, der für sehr gute Unternehmen an der Börse bezahlt wird, meistens viel zu hoch, um seinen Aktionären sehr lange Freude zu bereiten.

Bevor wir uns näher damit befassen, wie man gute Investments findet, brauchen wir das Handwerkszeug zur Unternehmensbewertung.

# 3.1 Kleine Einführung in die Unternehmensbewertung

*Observation over many years has taught us that the chief losses to investors come from the purchase of low-quality securities at times of favorable business conditions.*

*Benjamin Graham, The Intelligent Investor*

Um festzustellen, wie ein Unternehmen bewertet ist und ob es sich um einen interessanten Kaufkandidaten handelt, sollte man sich mit den Finanzkennzahlen, dem Geschäftsmodell und dem Management befassen. Dabei interessiert vor allem die Rechnungslegung, der Jahresabschluss des Unternehmens. Er besteht aus:

> **Bilanz** (Balance-Sheet)
> **Gewinn- und Verlustrechnung** (Income-Statement)
> **Kapitalflussrechnung** (Cashflow-Statement)

Der Jahresabschluss wird für börsennotierte Unternehmen in Europa regelmäßig nach den internationalen Standards IFRS (International Financial Reporting Standards) erstellt. Für amerikanische Unternehmen gelten die US-GAAP (US Generally Accepted Accounting Principles), die sich für unsere Zwecke aber von den IFRS-Standards nur geringfügig unterscheiden. Börsennotierte Gesellschaften bestehen häufig aus mehreren separaten Unternehmen, die dann in einem Konzern zusammengefasst sind. Relevant sind in diesem Fall nicht die Einzelabschlüsse der Unternehmen, sondern die zugehörige Rechnungslegung für den Konzern. In der Praxis machen Anleger manchmal schwerwiegende Fehler, weil sie sich zum Beispiel die Bilanz eines einzelnen Unternehmens im Konzern vornehmen, das vielleicht absichtlich oder unabsichtlich eine sehr ähnliche Na-

mensgebung hat. Dadurch gewinnen sie aber einen völlig falschen Eindruck.

Aus den Jahresabschlüssen erfahren wir, wie es um das Vermögen und die Schulden des Unternehmens bestellt ist, wie viel Umsatz es macht und ob es Geld verdient. Auch lässt sich daraus ableiten, ob dem Unternehmen mehr Geld zufließt, als es für Investitionen benötigt, und ob der Gewinn als Dividende ausgeschüttet wird.

Die Ausführungen in diesem Abschnitt sollen ein grundlegendes Verständnis zu diesem komplexen Thema vermitteln. Anhand eines einfachen Beispiels verdeutlichen wir den Aufbau des Jahresabschlusses.

### Beispiel zur Rechnungslegung

Während eine Konzernbilanz einen sehr unübersichtlichen Eindruck hinterlässt und selbst für den professionellen Investor Abschreckungspotenzial birgt, ist der grundsätzliche Aufbau einer Bilanz sehr einfach.

Die Bilanz ist eine stichtagsbezogene Gegenüberstellung aller Vermögenswerte und Verbindlichkeiten eines Unternehmens. Sie hat zwei Abteilungen: Die Mittelherkunft, auch Passiva genannt, und die Mittelverwendung, auch Aktiva genannt.

| Bilanz | |
|---|---|
| **Aktiva** | **Passiva** |
| Wofür werden die Mittel verwendet? | Woher kommen die Mittel? |

*Aufbauschema einer Bilanz*

Bei Industrieunternehmen sind die beiden Abteilungen grob wie folgt gegliedert:

**Aktiva**

A. Langfristige Vermögenswerte (fixed assets)

> Immaterielle Vermögenswerte (intangible assets)
> Firmenwerte (goodwill)
> Sachanlagen (property plant and equipment)
> Finanzanlagen (financial assets)

B. Kurzfristige Vermögenswerte (current assets)

> Vorräte (inventories)
> Forderungen aus Lieferungen und Leistungen (accounts receivable)
> Zahlungsmittel und -äquivalente (cash and cash equivalents)

**Passiva**

A. Eigenkapital (shareholders' equity)

> Gezeichnetes Kapital
> Kapitalrücklagen (APIC, additional paid in capital)
> Gewinnrücklage
> Eigene Anteile
> Konzernergebnis

B. Langfristiges Fremdkapital (long-term liabilities)

> Langfristige Finanzverbindlichkeiten (long-term debt)
> Rückstellungen (provisions)

C. Kurzfristiges Fremdkapital (current liabilities)

> Verbindlichkeiten aus Lieferungen und Leistungen (accounts payable)
> Kurzfristige Finanzverbindlichkeiten (commercial papers)

Paul ist ein junger, pfiffiger Unternehmer. Er übernimmt einen börsennotierten Hamburgerstand, bei dem bereits 1.000 Aktien je 20 EUR ausgegeben wurden. Mit dem Emissionserlös von 20.000 EUR und einem Bankdarlehen von 30.000 EUR, zusammen also 50.000 EUR, startet Paul ins erste Geschäftsjahr. Seine Eröffnungsbilanz sieht also aus wie hier dargestellt:

| Eröffnungsbilanz | | | |
|---|---|---|---|
| **Aktiva** | | **Passiva** | |
| Sachanlagen | 0 | Gezeichnetes Kapital | 1.000 |
| **Langfristige Vermögenswerte** | 0 | Kapitalrücklage | 19.000 |
| Vorräte | 0 | Gewinnrücklagen und Bilanzgewinn | |
| | | **Eigenkapital** | 20.000 |
| Kurzfristige Vermögenswerte | 0 | Finanzschulden | 30.000 |
| Zahlungsmittel und -Äquivalente | 50.000 | Übrige Verbindlichkeiten | |
| | | **Langfristiges Fremdkapital** | 30.000 |
| | | Steuerschulden | |
| | | Finanzschulden | |
| **Gesamtvermögen** | **50.000** | **Kurzfristiges Fremdkapital** | **0** |
| | | **Gesamtkapital** | **50.000** |

*Tabelle 4: Eröffnungsbilanz von Pauls Unternehmen*

Paul mietet ein kleines Lokal und richtet es ein. Die notwendigen Anlagen wie Grill, Kühlschrank, Theke etc. werden im Paket als Komplettangebot für 45.000 EUR gekauft und sofort bezahlt. Dieses Anlagevermögen wird auf fünf Jahre à 9.000 EUR abgeschrieben. Verbleiben 5.000 EUR für den laufenden Geschäftsbetrieb.

Paul erhält eine Vorstandsvergütung von 5 EUR pro Stunde oder 8.000 EUR pro Jahr. Außerdem will der Vermieter des Lokals, in dem er seinen Stand aufgestellt hat, noch 1.000 EUR pro Monat sehen.

Das Geschäft ist im ersten Jahr gut gelaufen. An den 200 Tagen, an denen der Stand offen war, hat Paul durchschnittlich 100 Hamburger verkauft, für die er jeweils 5 EUR verlangt hat. Seine Einnahmen betragen somit 100.000 EUR. Nicht schlecht für einen kleinen Stand. Um seinen Stand bekannter zu machen und das Geschäft anzukurbeln, hat Paul noch insgesamt 7.000 EUR in Zeitungsanzeigen investiert. Seine erste Gewinn- und Verlustrechnung nach dem Umsatzkostenverfahren, das hauptsächlich verwendet wird, ist hier in Tabelle 5 dargestellt:

| Gewinn- und Verlustrechnung erstes Geschäftsjahr | | |
|---|---|---|
| Umsatzerlöse | 100.000 | = 200 Tage * 100 Burger * 5 EUR |
| Herstellungskosten der zur Erzielung der Umsatzerlöse erbrachten Leistungen | 60.000 | = 200 Tage * 8 Stunden * 5 EUR<br>+ 20.000 Burger * 1,50 EUR Wareneinsatz<br>+ 12 Monate Miete à 1.000 EUR<br>+ Abschreibung Sachanlagen 9.000 EUR<br>+ Strom 1.000 EUR |
| Bruttoergebnis vom Umsatz | 40.000 | |
| Vertriebskosten | 7.000 | Werbung |
| Ergebnis der Betriebstätigkeit | 33.000 | |

| Zinsaufwendungen | 3000 | = 10.000 EUR * 10 % Zinsen |
|---|---|---|
| **Finanzergebnis** | **3000** | |
| **Ergebnis vor Ertragsteuern** | **30.000** | |
| Steuern vom Einkommen und vom Ertrag | 9.000 | 30 % Steuern |
| **Jahresüberschuss** | **21.000** | |

*Tabelle 5: Gewinn- und Verslustrechnung im ersten Geschäftsjahr*

21.000 EUR hat Paul nach Abzug aller Kosten und Steuern verdient. Kein schlechtes Ergebnis, aber zum Teil sicher seiner extrem niedrigen Bezahlung von nur 5 EUR pro Stunde geschuldet.

Es existiert noch ein anderes Verfahren für die Erstellung einer G + V-Rechnung: das Gesamtkostenverfahren, das wir auch beispielhaft in Tabelle 6 aufgestellt haben. Diese Methode führt selbstverständlich zum gleichen Ergebnis.

Beide Methoden starten mit den Umsatzerlösen der jeweiligen Periode. Das Gesamtkostenverfahren berücksichtigt alle Kosten, die in der betrachteten Rechnungsperiode bei der betrieblichen Leistungserstellung entstanden sind, und stellt ihnen alle erzielten Erlöse gegenüber. Doch fallen Kosten und Erlöse bei der Herstellung wirtschaftlicher Güter nicht zwangsläufig in die gleiche Periode. Zum Beispiel werden Güter nicht unbedingt in der gleichen Periode verkauft, in der sie hergestellt wurden. Deshalb müssen bei diesem Verfahren die Bestandsänderungen an Halb- und Fertigfabrikaten (Lagerbestände zu Herstellkosten) herausgerechnet werden. Nur dadurch erhält man vergleichbare Größen für die Ermittlung des Betriebsergebnisses. Konkret werden Bestandsminderungen als Aufwand verbucht und Bestandserhöhungen als Ertrag. Das Gleiche gilt für die Eigenleistungen, also Leistungen, die nicht verkauft, sondern im eigenen Betrieb verbraucht werden. Das Gesamtkosten-

verfahren gliedert die Kosten nach Kostenarten wie z. B. Material-
kosten, Personalkosten, Abschreibungen. Im Gegensatz dazu werden beim Umsatzkostenverfahren den Umsatzerlösen einer Periode
nur diejenigen Kosten gegenübergestellt, die für die tatsächlich ver-
kauften Produkte angefallen sind (Umsatzkosten). Das Umsatzkostenverfahren gliedert die Kosten nach Funktionsbereichen wie
Produktion, Vertrieb, Verwaltung.

| Gewinn- und Verlustrechnung erstes Geschäftsjahr (Gesamtkostenverfahren) | | |
|---|---|---|
| **Umsatzerlöse** | 100.000 | = 200 Tage * 100 Burger * 5 EUR |
| Änderungen Vorräte | 3.000 | |
| Materialaufwand | -33.000 | 22.000 Burger * 1.50 EUR Wareneinsatz |
| Personalaufwand | -8.000 | 200 Tage * 8 Stunden * 5 EUR |
| Abschreibungen | -9.000 | |
| Sonstige Aufwendungen | -20.000 | = Werbung 7.000 EUR<br>+ 12 Monate Miete à 1.000 EUR<br>+ Strom 1.000 EUR |
| **Ergebnis der Betriebstätigkeit** | **33.000** | |
| Zinsaufwendungen | -3.000 | = 30.000 EUR * 10 % Zinsen |
| **Finanzergebnis** | **-3.000** | |
| Ergebnis vor Ertragsteuern | 30.000 | |
| Steuern vom Einkommen und vom Ertrag | 9.000 | 30 % Steuern |
| **Jahresüberschuss** | **21.000** | |

*Tabelle 6: Gewinn- und Verlustrechnung erstes Geschäftsjahr (Gesamtkostenverfahren)*

Europäische Unternehmen können wählen, welches Verfahren sie anwenden wollen, amerikanische Unternehmen müssen zwingend das Umsatzkostenverfahren anwenden.

Doch wie viel Geld ist dem Unternehmen nun tatsächlich zugeflossen? Dazu stellt Unternehmer Paul eine Cashflow-Rechnung für das erste abgelaufene Jahr auf, wie Tabelle 7 sie zeigt.

| Cashflow-Rechnung erstes Geschäftsjahr | |
|---|---|
| Jahresüberschuss | 21.000 |
| Abschreibungen auf immaterielle Vermögenswerte, Sachanlagen und Finanzanlagen | 9.000 |
| Veränderung Steuerrückstellungen | 9.000 |
| Veränderung Nettoumlaufvermögen | -3.000 |
| **Cashflow aus betrieblicher Tätigkeit** | **36.000** |
| | |
| Ausgaben für Sachanlagen und immaterielles Vermögen | -45.000 |
| **Cashflow aus Investitionstätigkeit** | **-45.000** |
| | |
| Kapitalerhöhungen, -rückzahlungen, Auszahlungen für den Rückkauf eigener Aktien | 0 |
| Veränderung Finanzverbindlichkeiten | 0 |
| Dividenden | |
| **Cashflow aus Finanzierungstätigkeit** | **0** |

*Tabelle 7: Cashflow-Rechnung erstes Geschäftsjahr*

In unserem einfachen Beispiel wurde im ersten Jahr ein operativer Cashflow von 36.000 EUR erzielt. Er berechnet sich wie folgt:

**Jahresüberschuss**

+ **Abschreibungen** (dieser Betrag fließt nicht aus dem Unternehmen ab)
+ **Änderung der Rückstellungen** (werden Steuern zurückgestellt, schmälern sie zwar den Jahresüberschuss, das Geld ist aber noch im Unternehmen)
− **Änderung der Vorräte** (erhöhen sich die Vorräte, erhöht sich der Jahresüberschuss, das Geld ist aber nicht da)
− **Änderung der Forderungen** (erhöhen sich die Forderungen, erhöhen sie den Jahresüberschuss, aber das Geld ist noch nicht da)
= **Cashflow aus betrieblicher Tätigkeit** ( = operativer Cashflow)

Um vom **Cashflow aus betrieblicher Tätigkeit** zum **freien Cashflow** zu gelangen, werden von Ersterem die Ausgaben für Sachanlagen und immaterielle Vermögenswerte abgezogen, die notwendig sind, um das bestehende Anlagevermögen zu erhalten. Wenn wir davon ausgehen, dass die Einrichtung der Hamburger-Bude alle fünf Jahre ersetzt werden muss, (ein Zeitraum, der mit der Praxis übereinstimmt), dann errechnet sich der freie Cashflow so:

$$36.000 \text{ EUR} - 9.000 \text{ EUR} = 27.000 \text{ EUR}$$

Der vom Unternehmen generierte freie Cashflow kann verwendet werden für:

> die Schuldentilgung
> Zinszahlungen
> die Ausschüttung als Dividende
> Aktienrückkäufe
> eine Reinvestition

Ist der freie Cashflow nachhaltig negativ, dann bedeutet dies, dass das Unternehmen permanent neues Geld benötigt, um seinen Geschäftsbetrieb aufrechterhalten zu können. Dies kann durch die Aufstockung von Krediten erfolgen oder durch Kapitalerhöhungen. Kredite können nicht endlos aufgestockt werden, denn entweder gibt es ab einem gewissen Verschuldungsgrad keine neuen Kredite mehr oder diese werden zu teuer. So bleibt am Ende nur die Kapitalerhöhung als Handlungsoption. Aus der Not heraus lassen sich hier sicher keine Spitzenpreise erzielen. Zudem bedeutet eine Kapitalerhöhung, dass der Anteil der Altaktionäre am Unternehmen verwässert wird. Von Unternehmen mit negativem Cashflow nehmen wir also Abstand.

Am Jahresende ergibt die Inventur, dass noch Vorräte in Höhe von 3.000 EUR übrig sind. Der Jahresüberschuss verbleibt komplett im Unternehmen. Daraus ergibt sich dann die Bilanz zum ersten Geschäftsjahr, wie in Tabelle 8 dargestellt.

Die Sachanlagen von ursprünglich 45.000 EUR sind um den Abschreibungsbetrag von 9.000 EUR auf nun 36.000 EUR geschrumpft. Die Vorräte werden nicht abgeschrieben, da kein Anlass dazu besteht. Sie werden ja gleich im neuen Jahr verwendet.

Auf dem Konto »Zahlungsmittel und -Äquivalente« finden sich die 5.000 EUR, die nach Abzug der Anlageausgaben von 45.000 EUR noch verblieben waren, plus der operative Cashflow von 36.000 EUR, zusammen also 41.000 EUR. Für die Aktionäre weist der Geschäftsbericht zusätzlich noch das Ergebnis pro Aktie aus (siehe Tabelle 9).

Die Aktie notiert am 31. Dezember des Jahres bei 147 EUR. Die Erstzeichner zu 20 EUR haben also eine sehr gute Wertentwicklung ihrer Aktien erlebt.

| Bilanz 1. Geschäftsjahr | | | |
|---|---|---|---|
| **Aktiva** | | **Passiva** | |
| Sachanlagen | 36.000 | Gezeichnetes Kapital | 1.000 |
| Langfristige Vermögenswerte | 36.000 | Kapitalrücklage | 19.000 |
| Vorräte | 3.000 | Gewinnrücklagen und Bilanzgewinn | |
| Zahlungsmittel und -äquivalente | 41.000 | Jahresüberschuss | 21.000 |
| | | Eigenkapital | 41.000 |
| Kurzfristige Vermögenswerte | 44.000 | Langfristige Finanzschulden | 30.000 |
| | | Übrige Verbindlichkeiten | |
| | | Langfristiges Fremdkapital | 30.000 |
| | | Steuerschulden | 9.000 |
| | | Kurzfristige Finanzschulden | |
| **Gesamtvermögen** | **80.000** | **Kurzfristiges Fremdkapital** | **9.000** |
| | | Gesamtkapital | 80.000 |

*Tabelle 8: Bilanz erstes Geschäftsjahr*

| Ergebnis je Aktie im ersten Geschäftsjahr | |
|---|---|
| Jahresüberschuss | 21.000 |
| Gewichteter Durchschnitt ausstehender Aktien | 1.000 |
| Ergebnis je Aktie | 21 |

*Tabelle 9: Ergebnis je Aktie im ersten Geschäftsjahr*

Beflügelt vom Verlauf des ersten Jahres, beschließt Paul, nun richtig Gas zu geben. Er hat sich von der Hauptversammlung eine Kapitalerhöhung um weitere 500 Aktien genehmigen lassen. Diese werden zu 140 EUR zur Zeichnung angeboten und finden reißenden Absatz. Dem Unternehmen fließen 70.000 EUR zu. Paul eröffnet vier weitere Filialen. Da es für die Einrichtung von vier Filialen Mengenrabatt gibt, kann er diese nun für jeweils 40.000 EUR (statt 45.000 EUR wie bei der ersten Filiale) ausstatten. Das ergibt zusammen 160.000 EUR. Um das finanziell stemmen zu können, holt er sich nochmals 120.000 EUR als langfristiges Darlehen von der Bank. Von den zugeflossenen 190.000 EUR ( = 70.000 EUR + 120.000 EUR) beiben nach Abzug der Investition von 160.000 EUR noch 30.000 EUR übrig. Sie wandern auf das Konto.

Die wirtschaftlichen Zeiten sind jedoch sehr schwierig geworden; die Leute müssen sparen. Der Umsatz läuft zunächst nicht mehr ganz so prickelnd, deshalb hat Paul eine Idee: Er bietet einem umliegenden Großunternehmen an, seine Mitarbeiter zu ihm zu schicken und die Rechnung erst im Folgejahr zu begleichen. Rund die Hälfte der Umsätze kommen auf diese Weise durch die Mitarbeiter des Großunternehmens zustande. Insgesamt macht er mit jeder Filiale genauso viel Umsatz wie mit der ersten Niederlassung im Vorjahr. Er schaltet dieses Jahr Werbung für 50.000 EUR, das ist deutlich mehr als sein Werbebudget im Vorjahr, das sich auf 7.000 EUR belief.

Im Lauf des Jahres wird es auf dem Konto eng, aber die Bank gibt seinem Unternehmen ein zusätzliches Darlehen von 180.000 EUR. Die Schulden des Unternehmens steigen so von 30.000 EUR um zunächst 120.000 EUR und später um weitere 180.000 EUR auf 330.000 EUR. Der Einfachheit halber verzinsen wir in der G + V-Rechnung das Darlehen komplett mit 10 %.

Daraus ergibt sich nach dem zweiten Geschäftsjahr folgende Gewinn- und Verlustrechnung nach dem Umsatzkostenverfahren (siehe Tabelle 10):

| Gewinn- und Verlustrechnung zweites Geschäftsjahr | | |
|---|---|---|
| Umsatzerlöse | 500.000 | = 5 * 200 Tage * 100 Burger * 5 EUR |
| Herstellungskosten der zur Erzielung der Umsatzerlöse erbrachten Leistungen | 296.000 | =5 * 200 Tage * 8 Stunden * 5 EUR<br>+ 5 * 20.000 Burger * 1,50 EUR Wareneinsatz<br>+ 5 * 12 Monate Miete à 1.000 EUR<br>+ Abschreibung Sachanlagen 9.000 EUR<br>+ Abschreibung neu 4 * 8.000 EUR<br>+ 5 * Strom 1.000 EUR |
| Bruttoergebnis vom Umsatz | 204.000 | |
| Vertriebskosten | 50.000 | Werbung |
| Ergebnis der Betriebstätigkeit | 154.000 | |
| Zinsaufwendungen | 33.000 | = 330.000 EUR * 10 % Zinsen |
| Finanzergebnis | 33.000 | |
| Ergebnis vor Ertragsteuern | 121.000 | |
| Steuern vom Einkommen und vom Ertrag | 36.300 | 30 % Steuern |
| Jahresüberschuss | 84.700 | |

*Tabelle 10: Gewinn- und Verlustrechnung zweites Geschäftsjahr*

Auf den ersten Blick ein prima Ergebnis: der Unternehmensgewinn vervierfacht sich von 21.000 EUR auf 84.700 EUR.

Erst ein Blick auf die Cashflow-Rechnung (siehe Tabelle 12) offenbart das Desaster:

| Cashflow-Rechnung zweites Geschäftsjahr | |
|---|---:|
| Jahresüberschuss | 84.700 |
| Abschreibungen auf immaterielle Vermögenswerte, Sachanlagen und Finanzanlagen | 41.000 |
| Veränderung Steuerrückstellungen | 27.300 |
| Veränderung Nettoumlaufvermögen | -13.000 |
| Veränderung Forderungen | -250.000 |
| **Cashflow aus betrieblicher Tätigkeit** | **-110.000** |
| | |
| Ausgaben für Sachanlagen und immaterielles Vermögen | -160.000 |
| **Cashflow aus Investitionstätigkeit** | **-160.000** |
| | |
| Kapitalerhöhungen, -rückzahlungen, Auszahlungen für den Rückkauf eigener Aktien | 70.000 |
| Veränderung Finanzverbindlichkeiten | 300.000 |
| Dividenden | |
| **Cashflow aus Finanzierungstätigkeit** | **370.000** |

*Tabelle 11: Cashflow-Rechnung zweites Geschäftsjahr*

Da die Hälfte des Umsatzes nicht gegen Cash, sondern auf Kredit erfolgt ist, ist der Cashflow aus betrieblicher Tätigkeit extrem negativ. Ein wichtiges Warnzeichen! Aus der Bilanz ist dann zu ersehen, in welch prekärer Lage sich das Unternehmen nun befindet (siehe Tabelle 12):

| Bilanz zweites Geschäftsjahr | | | |
|---|---|---|---|
| **Aktiva** | | **Passiva** | |
| Sachanlagen | 155.000 | Gezeichnetes Kapital | 1.500 |
| **Langfristige Vermögenswerte** | **155.000** | Kapitalrücklage | 88.500 |
| Vorräte | 16.000 | Gewinnrücklagen und Bilanzgewinn | 21.000 |
| Forderungen aus Lieferungen und Leistungen | 250.000 | Jahresüberschuss | 84.700 |
| Zahlungsmittel und -äquivalente | 141.000 | **Eigenkapital** | **195.700** |
| | | Langfristige Finanzschulden | 330.000 |
| **Kurzfristige Vermögenswerte** | **407.000** | Übrige Verbindlichkeiten | |
| | | **Langfristiges Fremdkapital** | **330.000** |
| | | Steuerschulden | 36.300 |
| | | Kurzfristige Finanzschulden | |
| | | **Kurzfristiges Fremdkapital** | **36.300** |
| **Gesamtvermögen** | **562.000** | **Gesamtkapital** | **562.000** |

*Tabelle 12: Bilanz zweites Geschäftsjahr*

Einem Eigenkapital von 195.700 EUR stehen die Forderungen eines Schuldners in Höhe von 250.000 EUR gegenüber. Sollten diese Forderungen aufgrund des wirtschaftlich schwierigen Umfelds ausfallen, dürfte dies das Unternehmen von Paul in die Insolvenz schicken.

In den Pressemeldungen des Unternehmens ist davon allerdings nichts zu lesen. Dort findet man begeisterte Stellungnahmen des Vorstands zur Geschäftsentwicklung. Immerhin hat sich der Gewinn pro Aktie mehr als verzweieinhalbfacht, wie Tabelle 13 zeigt.

| Ergebnis je Aktie zweites Geschäftsjahr | |
|---|---|
| Jahresüberschuss | 84.700 |
| Gewichteter Durchschnitt ausstehender Aktien | 1.500 |
| Ergebnis je Aktie | 56 |

*Tabelle 13: Ergebnis je Aktie zweites Geschäftsjahr*

Wir haben mit diesem einfachen Beispiel einen kleinen Einblick in den Aufbau der Unternehmenszahlen gegeben. Wir hoffen, dass klar geworden ist, wie wichtig der Cashflow, operativ und frei, für die Entwicklung eines Unternehmens ist – frei nach dem Motto: »Nur Bares ist Wahres«. Weiterführende Literaturempfehlungen finden Sie im Anhang.

Dass eine solche Entwicklung nicht ganz aus der Luft gegriffen ist, lesen Sie im nächsten Abschnitt über die Comroad AG.

## Die Comroad-Story

Die Comroad AG wurde 1995 von Bode Schnabel gegründet und beschäftigte sich mit Verkehrstelematik-Systemen. Beim Börsengang 1999 flossen der Gesellschaft 40 Mio. EUR zu. Wer sich die Umsätze und Gewinne des Unternehmens zu Gemüte führte, war begeistert: Ein Rekord jagte den nächsten, und die Planzahlen wurden stets übertroffen. Die Marktkapitalisierung des Unternehmens kletterte auf mehr als 1 Mrd. EUR.

Wenig kümmerte es die Aktionäre da, dass Jahr für Jahr ein negativer Cashflow ausgewiesen wurde. Es stellte sich dann aber heraus, dass vermutlich bereits ab dem Jahr 1998 Scheinumsätze gebucht worden waren und dass mehr als 95 % der gesamten Umsätze frei erfunden waren. Bodo Schnabel wurde zu sieben Jahren Haft verurteilt, und die Aktie der Comroad AG fiel von mehr als 60 EUR auf 6 Cent.

Einem Cashflow-Investor wäre der nachhaltig negative Cashflow nicht entgangen. Dieser war ein Indiz dafür, dass ein Aktienkäufer hier kein geleistetes und bezahltes Geschäft erwarb, sondern allenfalls ein bereits geleistetes Geschäft mit der Hoffnung auf eine Bezahlung in der Zukunft. Dieser Investor hätte zwar den Betrug nicht erkannt, aber er wäre trotzdem vorsichtig gewesen und hätte vorsichtshalber Abstand von einem Kauf genommen, zumal ja auch keine Dividende bezahlt wurde. Aus welchen Mitteln hätte diese auch kommen sollen?

## 3.2 Wichtige Kennzahlen

Nachdem wir nun den groben Überblick über das Zahlenwerk eines Unternehmens haben, stellt sich die Frage, auf welche der unüberschaubar vielen Kennzahlen, die sich berechnen lassen, man bei der Auswahl von Aktien unbedingt achten sollte.

Grundsätzlich kann man Jahre verbringen mit der Suche nach *der* richtigen Kennzahl oder *den* richtigen Kennzahlen. Die jeweils beste Kombination von Kennzahlen lässt sich leider immer erst nachträglich ermitteln. Mal ist die eine Kennzahl besser geeignet, mal die andere Kennzahl. Deshalb konzentrieren wir uns bei der Kennzahlenanalyse auf wenige Kandidaten, die sich bewährt haben

und die aus unserer Sicht von fundamentaler Bedeutung für die Aktienauswahl sind.

> **Gewinn je Aktie** und daraus resultierend das Kurs-Gewinn-Verhältnis (KGV, Engl. price to earnings ratio)

> **Buchwert pro Aktie** und daraus resultierend das Kurs-Buchwert-Verhältnis (KBV, Engl. price to book ratio)

> **Enterprise Value zu EBIT** (EV to EBIT)

> **Dividendenrendite**

> **Ausschüttungsquoten** vom Gewinn und von operativem Cashflow

Unser Ziel besteht darin, gute Aktien zu kaufen. Gute Aktien sind für uns Aktien, die in der Zeit, in der wir sie halten, insgesamt eine möglichst positive Kursentwicklung erfahren im Vergleich zu einem passenden Index. Gute Aktien sind nicht zu verwechseln mit guten Unternehmen, wie wir schon gesehen haben.

Mit diesem Ziel untersuchen wir nun die aufgeführten Kennzahlen.

## Kurs-Gewinn-Verhältnis KGV

$$\text{Kurs-Gewinn-Verhältnis KCV} = \frac{\text{Kurs}}{\text{Gewinn pro Aktie}} = \frac{\text{Marktkapitalisierung}}{\text{Jahresuberschuss}}$$

Das Kurs-Gewinn-Verhältnis (Engl. price to earnings ratio PE) ist wohl die bekannteste Kennzahl überhaupt. Sie ist auch bei Hobbyinvestoren weit verbreitet. Man teilt einfach die Marktkapitalisierung einer Aktie durch den Gewinn der letzten zwölf Monate; oder

man nimmt den Kurs der Aktie und teilt ihn durch den Gewinn pro Aktie. Die Kennzahl gibt damit an, der wievielfache Jahresgewinn an der Börse für ein Unternehmen gezahlt werden muss. Einige Marktteilnehmer betrachten den Sachverhalt aus dem umgekehrten Blickwinkel und berechnen eine sogenannte Gewinnrendite. Sie fragen sich also: Wie viel Gewinn erhalte ich pro Jahr für meinen Kaufpreis? Die Gewinnrendite errechnet sich, indem man den Gewinn pro Aktie durch den aktuellen Kurs teilt. Falls das KGV bekannt ist, erhält man die Gewinnrendite auch, indem man 100 durch das KGV teilt.

## Beispiel Siemens AG

Ausweislich Seite 64 des Geschäftsberichtes für 2017 der Siemens AG zum Geschäftsjahresende am 30.9.2017 wies diese am Stichtag einen Gewinn pro Aktie nach Steuern von 7,23 EUR aus. Der Kurs ebenfalls zum Geschäftsjahresende (Freitag, den 29.9.2017) betrug 119,20 EUR. Daraus errechnet sich das KGV zu 16,49 und die Gewinnrendite zu 6,07 %.

Am aussagefälligsten wäre das KGV natürlich, wenn man die Gewinne der nächsten zwölf Monate für die Berechnung nehmen könnte. Die entsprechenden Prognosen sind für Profis relativ leicht zugänglich, dafür allerdings notorisch unzuverlässig. Wir nehmen deshalb besser die Zahlen der Vergangenheit für die Berechnung. Diese stehen zumindest schon fest und sind damit zuverlässig.

Üblich sind für durchschnittliche Unternehmen Kurs-Gewinn-Verhältnisse von ca. 15 bis 16 bzw. Gewinnrenditen von 6 bis 7 %. In der aktuellen Verteilung der KGVs beim S&P 500 (siehe Abbildung 9) kann man sehen, dass diese KGVs im Mittel derzeit etwas höher, nämlich bei ca. 21 liegen. Erstaunlicherweise haben immerhin mehr

als 15 % der 500 Aktien ein KGV von 30 und größer, was in der Folge langfristig nur durch sehr überdurchschnittliches Wachstum gerechtfertigt werden kann. Enttäuschungen sind deshalb bei diesen teuren Werten oftmals vorprogrammiert.

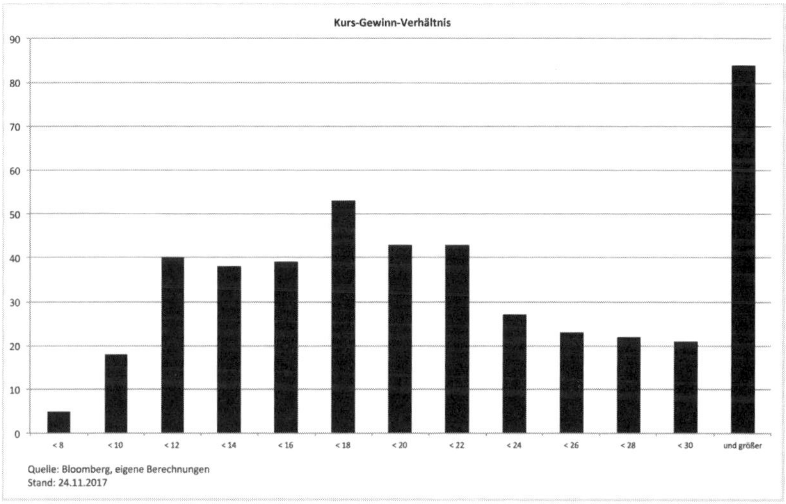

*Abbildung 9: Die Verteilung der Kurs-Gewinn-Verhältnisse im S&P 500, Quelle: Bloomberg, eigene Berechnungen*

Wie hoch das KGV tatsächlich ist, hängt hauptsächlich davon ab, wie stark die Gewinne der Gesellschaft steigen (vergleiche Tabelle 14). Gelänge es beispielsweise einem Unternehmen mit einem KGV von 20, über fünf Jahre hinweg die Gewinne um 50 % pro Jahr zu steigern, so läge das KGV nach diesen fünf Jahren bei nur noch 2,8. Kein Investor mit diesen Erwartungen würde eine solche Aktie zu diesem niedrigen Preis abgeben.

Daraus ergibt sich für Unternehmen mit einer hohen Wachstumserwartung im Hinblick auf die Gewinne ein hohes KGV und für Gesellschaften mit einer niedrigen Erwartung, was die Gewinnentwicklung angeht, ein niedriges KGV. Erfahrungsgemäß werden

beide Erwartungen in der Zukunft häufig enttäuscht. Die Gewinne der Gesellschaft mit den hohen Erwartungen entwickeln sich vielleicht gut, aber schlechter als erwartet (siehe Beispiel Coca-Cola weiter unten in diesem Abschnitt), während sich die Gewinne der anderen Gesellschaft schlecht, aber eben doch besser als erwartet entwickeln. Beides hat völlig unterschiedliche Auswirkungen auf den Aktienkurs.

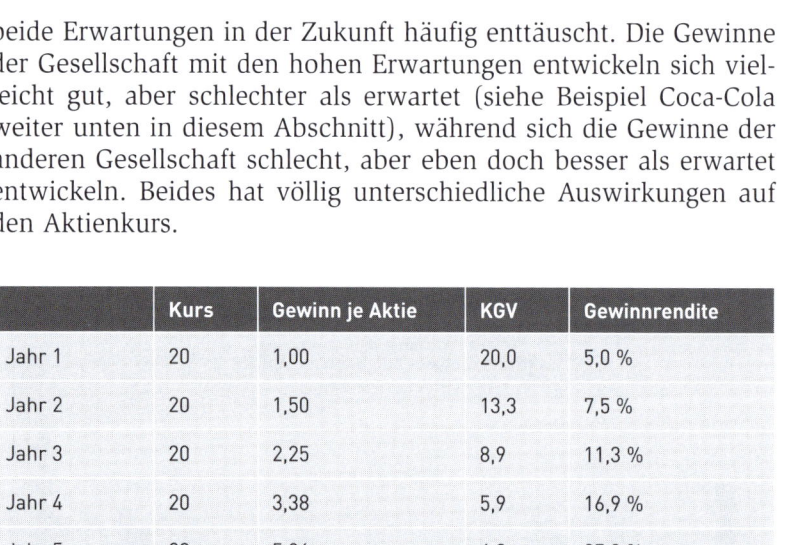

|  | Kurs | Gewinn je Aktie | KGV | Gewinnrendite |
|---|---|---|---|---|
| Jahr 1 | 20 | 1,00 | 20,0 | 5,0 % |
| Jahr 2 | 20 | 1,50 | 13,3 | 7,5 % |
| Jahr 3 | 20 | 2,25 | 8,9 | 11,3 % |
| Jahr 4 | 20 | 3,38 | 5,9 | 16,9 % |
| Jahr 5 | 20 | 5,06 | 4,0 | 25,3 % |
| Jahr 6 | 20 | 7,59 | 2,8 | 36,2 % |

*Tabelle 14: Entwicklung der Gewinne, des KGV und der Gewinnrendite einer Gesellschaft, wenn Erstere um 50 % pro Jahr steigen, Quelle: eigene Berechnungen*

Im Kurs des Unternehmens, das sich schlechter als erwartet entwickelt hat, waren die hohen Zukunftserwartungen enthalten. Dieser sinkt also folgerichtig. Beim anderen Unternehmen, demjenigen mit den niedrigen Erwartungen, führt die Überraschung ebenso zu einer Neubewertung, aber in die umgekehrte Richtung: Der Kurs steigt. Der Anleger, der in Aktien von Unternehmen investiert, an die keine hohen Erwartungen mehr gestellt werden, fährt deshalb im Schnitt besser als einer, der in alle Unternehmen eines Marktes investiert oder, schlimmer noch, nur die teuren Unternehmen kauft.

Wann ist das KGV einer Aktie hoch, wann niedrig? Als relativ teuer definieren wir dabei KGVs, die über dem mittleren Wert liegen, als

relativ billig solche, die unter dem mittleren Wert liegen. Um diese Frage zu beantworten haben wir alle weltweit notierten Aktien in Gruppen nach ihrer Marktkapitalisierung, d. h. ihrem Börsenwert, eingeteilt und ihre mittleren Kurs-Gewinn-Verhältnisse berechnet. Das geschah für große Unternehmen ab einem Börsenwert von 5 Mrd. EUR, für mittlere Unternehmen mit einem Börsenwert zwischen 700 Mio. und 1,5 Mrd. EUR und für kleine Unternehmen mit einer Marktkapitalisierung zwischen 250 Mio. und 400 Mio. EUR. Das Ergebnis ist in Abbildung 10 dargestellt:

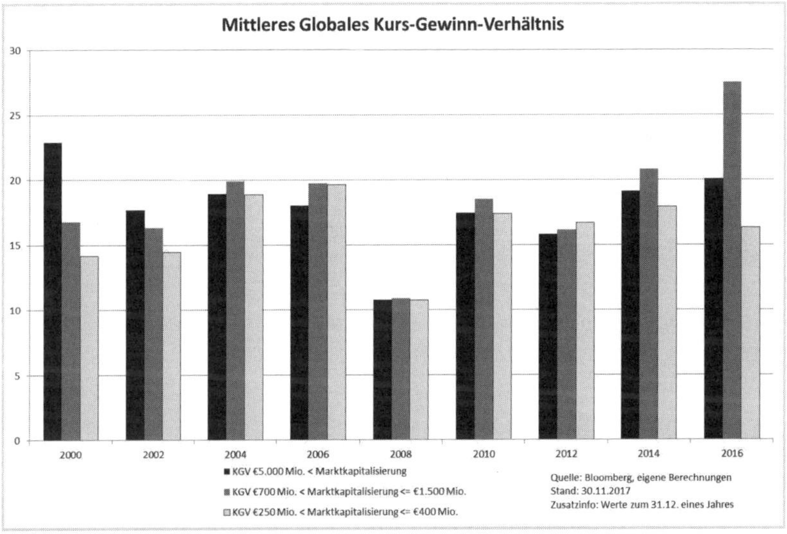

**Mittleres Globales Kurs-Gewinn-Verhältnis**

■ KGV €5.000 Mio. < Marktkapitalisierung

■ KGV €700 Mio. < Marktkapitalisierung <= €1.500 Mio.

☐ KGV €250 Mio. < Marktkapitalisierung <= €400 Mio.

Quelle: Bloomberg, eigene Berechnungen
Stand: 30.11.2017
Zusatzinfo: Werte zum 31.12. eines Jahres

*Abbildung 10: Mittleres globales Kurs-Gewinn-Verhältnis,*
*Quelle: Bloomberg, eigene Berechnungen*

Die Aktien haben basierend auf den Zahlen des Jahres 2016 ein mittleres KGV von etwa 20. Kleinere Unternehmen bis zu einer Marktkapitalisierung von 400 Mio. EUR sind im Schnitt etwas niedriger bewertet als mittlere und große. Im historischen Vergleich seit dem Jahr 2000 sind die globalen, börsennotierten Unternehmen gemessen am KGV derzeit relativ teuer. Dies gilt insbesondere für

Aktiengesellschaften mittlerer Größe mit einer Marktkapitalisierung zwischen 700 Mio. EUR und 1.500 Mio. EUR.

Hätte man seit 30. November 2002 jedes Jahr zum 1. Dezember eines Jahres jeweils die 100 Werte mit dem günstigsten Kurs-Gewinn-Verhältnis im S&P 500 gekauft, hätte man nach 17 Jahren zum 30. November 2017 in US-Dollar gerechnet eine Gesamtrendite von 470 % erzielt, statt der 297 %, um die der Index in diesem Zeitraum zulegte. Im S&P 500 sind rund 500 der größten börsennotierten US-amerikanischen Unternehmen enthalten.

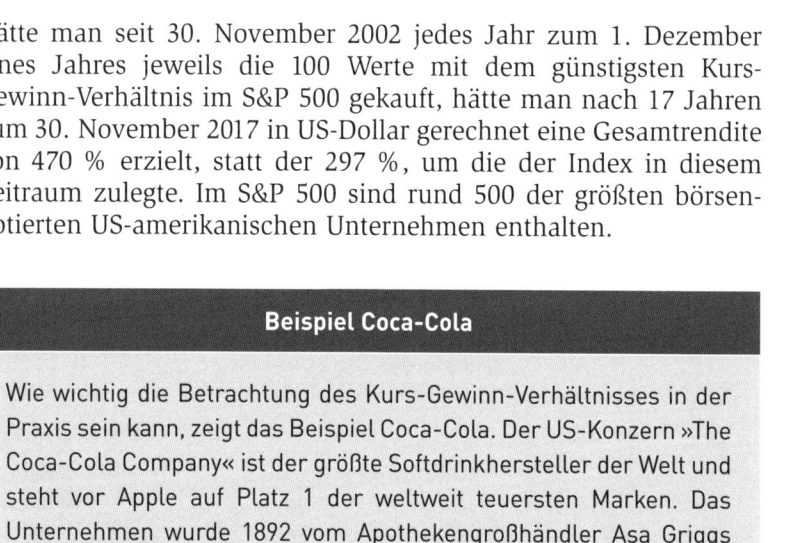

**Beispiel Coca-Cola**

Wie wichtig die Betrachtung des Kurs-Gewinn-Verhältnisses in der Praxis sein kann, zeigt das Beispiel Coca-Cola. Der US-Konzern »The Coca-Cola Company« ist der größte Softdrinkhersteller der Welt und steht vor Apple auf Platz 1 der weltweit teuersten Marken. Das Unternehmen wurde 1892 vom Apothekengroßhändler Asa Griggs Candler gegründet und verkauft heute Getränke in über 200 Ländern auf allen Kontinenten. Jedes Jahr werden über 200 Milliarden Liter abgesetzt. Das entspricht mehr als 500 Mio. Liter Getränke pro Tag! Neben Coca-Cola verkauft der Konzern mehr als 500 andere nichtalkoholische Getränkemarken, darunter auch Fanta, Sprite, Mezzo Mix, Lift, Nestea (in Zusammenarbeit mit Nestlé), Bonaqua, Apollinaris und Powerade.

Das Unternehmen weist eine beispiellose Wachstumsgeschichte auf. Durch Expansion und Produktinnovationen konnte das Unternehmen relativ stetig und profitabel wachsen. Mit 123.200 Angestellten erwirtschaftete das Unternehmen 2016 bei einem Umsatz von 41,9 Milliarden USD einen Gewinn von 6,6 Milliarden USD. Die Gewinnmarge entspricht damit stolzen 15,6 %. Der Gewinn pro

Aktie betrug 1,69 USD. Davon wurden 1,40 USD ausgeschüttet (ca. 83 % der Gewinne). Die restlichen Gewinne werden für Investitionen und Aktienrückkäufe verwendet. 1992 betrug der Umsatz noch 13,0 Milliarden USD und der Gewinn 1,7 Milliarden USD. Der Umsatz ist in den vergangenen 24 Jahren also um durchschnittlich 5 % und der Gewinn deutlich stärker um 5,8 % gewachsen.

Diese positive Geschäftsentwicklung spiegelt sich auch im Aktienkurs wieder. Dieser ist von Anfang 1993 bis Ende November 2017 um 7,6 % pro Jahr von USD 6,91 auf USD 45,77 gestiegen, wie Abbildung 11 zeigt. Dazu kam noch die jährliche Dividende von mehr als 3 % im Durchschnitt.

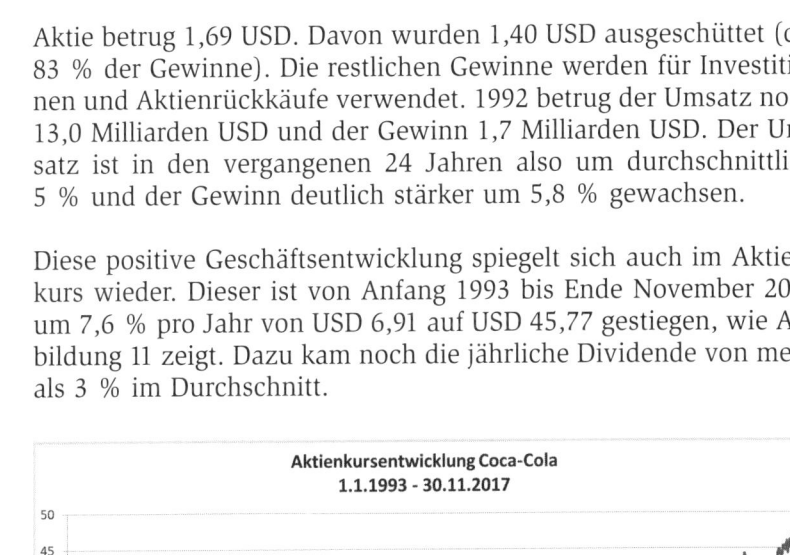

*Abbildung 11: Aktienkursentwicklung Coca-Cola 1993 bis 2017,*
*Quelle: Bloomberg, eigene Berechnungen*

Coca-Cola war in dieser Zeit aber nicht immer ein Kauf. 1995 war die Aktie noch einigermaßen angemessen bewertet. Dann aber brach ab Mitte 1997 ein wahres Coca-Cola-Fieber an der Börse aus,

und die Aktie war mit einem Kurs-Gewinn-Verhältnis (KGV) von in der Spitze über 40 extrem hoch bewertet. Die optimistischen Zukunftserwartungen, die durch diesen hohen Preis zum Ausdruck kamen, konnten freilich nur enttäuscht werden. In den darauffolgenden Jahren fiel der Aktienkurs schließlich um über 50 %, und das, obwohl die Gewinne weiter stiegen! Der gefallene Kurs führte deshalb zusammen mit den gestiegenen Gewinnen 2005 zu einem deutlich niedrigeren KGV von 15, wie aus Abbildung 12 ersichtlich wird. Nachdem die Erwartungen an das Unternehmen sich wieder normalisiert hatten, konnten sich sie Investoren in den darauffolgenden Jahren über eine Aktienkursverdoppelung freuen.

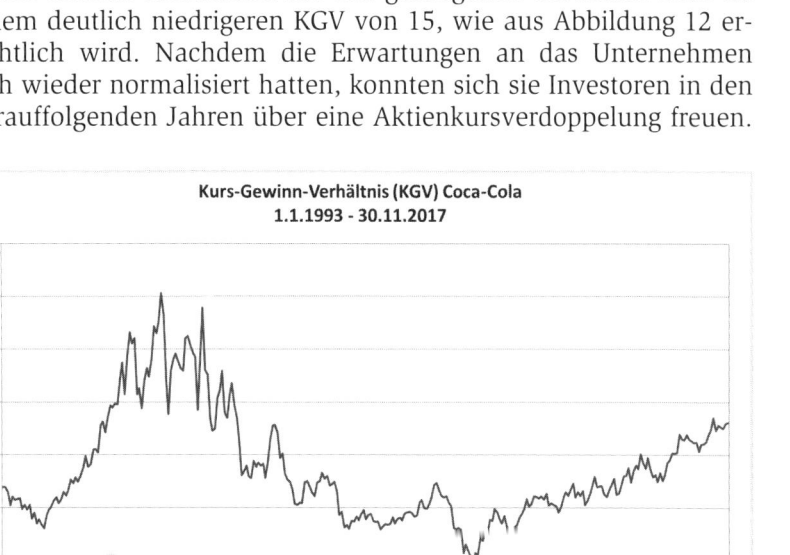

*Abbildung 12: Kurs-Gewinn-Verhältnis (KGV) Coca-Cola 1993 bis 2017,*
*Quelle: Bloomberg, eigene Berechnungen*

Seit der ersten Auflage des Buches hat sich der Kurs sehr erfreulich entwickelt. Allerdings ist auch die Bewertung sehr stark angestiegen. Die Gewinnentwicklung des Unternehmens konnte also mit der Kursentwicklung in den letzten Jahren nicht mithalten. Ein Kurs-

Gewinn-Verhältnis von mehr als 15 oder gar 20 ist bereits sportlich, eines von mehr als 25 aber auch für Top-Unternehmen nur in Sondersituationen gerechtfertigt. Vorsicht also, wenn die Bewertung hoch ist.

## Kurs-Buchwert-Verhältnis KBV

Dieses Verhältnis (Engl. price to book ratio PB) beschreibt, wie viel ein Käufer für das bilanzielle Eigenkapital eines Unternehmens an der Börse bezahlt. Ein KBV von zwei bedeutet also, dass für 1 EUR Eigenkapital an der Börse 2 EUR bezahlt werden müssen.

$$\text{Kurs-Buchwert-Verhältnis KBV} = \frac{\text{Kurs}}{\text{Buchwert pro Aktie}} = \frac{\text{Marktkapitalisierung}}{\text{Bilanzielles Eigenkapital}}$$

### Beispiel Siemens AG

Laut Geschäftsbericht 2017 der Siemens AG zum 30. September 2017 wies das Unternehmen am Stichtag im Konzern ein bilanzielles Eigenkapital in Höhe von 44.527 Mio. EUR aus. Die Anzahl der umlaufenden Aktien (829.164.000) zum Quartalsende, multipliziert mit dem Kurs ebenfalls zum Quartalsende von 119,20 EUR ergibt die Marktkapitalisierung. Diese betrug entsprechend gerundet 98.836 Mio. EUR. Daraus ergibt sich ein Kurs-Buchwert-Verhältnis von 2,22.

Unternehmen, deren Aktien ein sehr niedriges KBV unter eins aufweisen, haben meist Probleme mit der Profitabilität. Manchmal sind diese nachhaltig. Bei niedrigen KBVs sind die Erwartungen des Marktes aber eben auch niedrig, deshalb besteht eine vergleichs-

weise große Chance, dass diese niedrigen Erwartungen übertroffen werden und sich der Kurs des gekauften Unternehmens positiv entwickelt. Das ist aber nicht immer der Fall.

Eine weitere Schwäche des KBV ist der Rückgriff auf die Bilanz. Ein großer Teil des Anlagevermögens im weiteren Sinne ist gar nicht in der Bilanz erfasst. Die Intelligenz und Loyalität der Mitarbeiter, die Unternehmenskultur, die Managementqualität und das Image des Unternehmens, um nur einige Beispiele zu nennen. Dadurch erscheinen in einer Liste, die nach niedrigem KBV selektiert ist, häufig Unternehmen ganz vorne, bei denen ein hoher Anteil der Vermögenswerte tatsächlich in der Bilanz auftaucht, so z. B. Banken oder Industrieunternehmen mit einem großen Maschinenpark. Moderne Unternehmen aus dem Dienstleistungssektor wie Facebook, Google oder die deutsche SAP, die allesamt immer wichtiger für unser Leben und unsere Gesellschaft werden, sucht man auf solchen Listen vergebens. Trotzdem kann diese Kennzahl eine große Hilfe sein, das richtige Investment zu finden.

Das mittlere Kurs-Buchwert-Verhältnis beim S&P 500 liegt derzeit bei 2,8. Auffällig ist auch hier, dass es 30 Unternehmen gibt, für die mehr als der zehnfache Buchwert bezahlt wird (siehe Abbildung 13).

Wann ist das KBV einer Aktie hoch, wann niedrig? Abermals sind Werte vergleichsweise teuer, die das Mittel überschreiten, und diejenigen Werte sind vergleichsweise billig, die unter dem Durchschnitt liegen. Auch im Hinblick auf diese Kennzahl haben wir alle weltweit notierten Aktien in Gruppen nach ihrer Marktkapitalisierung, d. h. ihrem Börsenwert, eingeteilt. Wie sie sich nach ihrem mittleren Kurs-Buchwert-Verhältnis auf die verschiedenen Unternehmensgrößen nach Marktkapitalisierung verteilen, zeigt Abbildung 14. Es gelten wieder die bereits genannten Größenklassen von großen Unternehmen ab einem Börsenwert von 5 Mrd. EUR, mittleren Unternehmen mit einem Börsenwert zwischen 700 Mio. und 1,5 Mrd. EUR und kleinen Unternehmen mit einer Börsenkapitalisierung zwischen 250 Mio. EUR und 400 Mio. EUR.

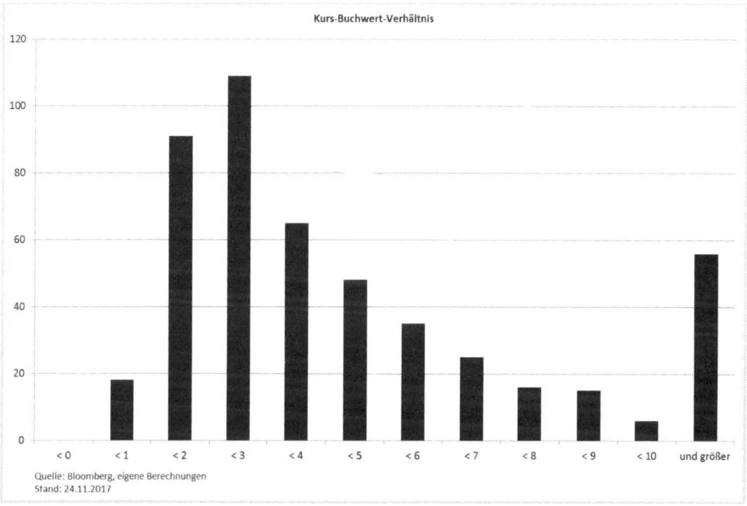

**Kurs-Buchwert-Verhältnis**

Quelle: Bloomberg, eigene Berechnungen
Stand: 24.11.2017

*Abbildung 13: Die Verteilung der Kurs-Buchwert-Verhältnisse im S&P 500,*
*Quelle: Bloomberg, eigene Berechnungen*

**Mittleres Globales Kurs-Buchwert-Verhältnis**

■ KBV €5.000 Mio. < Marktkapitalisierung
■ KBV €700 Mio. < Marktkapitalisierung <= €1.500 Mio.
☐ KBV €250 Mio. < Marktkapitalisierung <= €400 Mio.

Quelle: Bloomberg, eigene Berechnungen
Stand: 30.11.2017
Zusatzinfo: Werte zum 31.12. eines Jahres

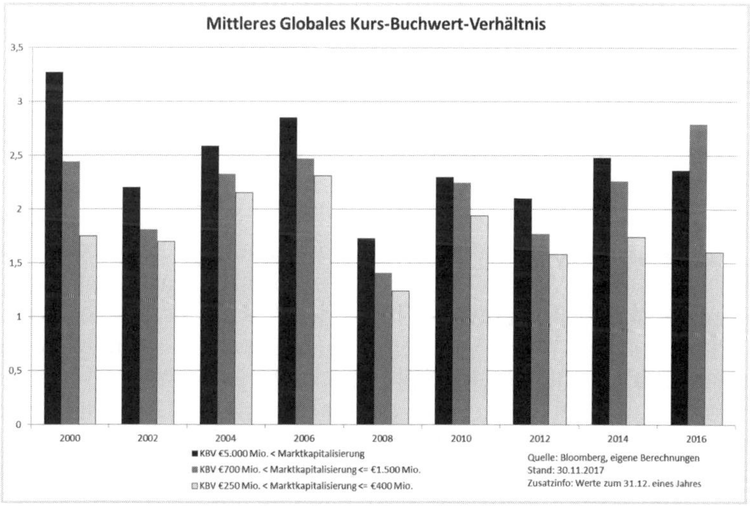

*Abbildung 14: Das mittlere globale Kurs-Buchwert-Verhältnis,*
*Quelle: Bloomberg, eigene Berechnungen*

Die Aktien haben auf Basis der Zahlen des Jahres 2016 je nach Größe ein mittleres KBV von 1,5 bis 2,7. Kleinere Unternehmen sind im Schnitt niedriger bewertet als mittlere und große. Auch hier fällt auf: Ähnlich wie beim Kurs-Gewinn-Verhältnis sind die mittelgroßen Werte am teuersten. Im historischen Vergleich seit dem Jahr 2000 erscheinen die globalen börsennotierten Unternehmen gemessen am Kurs-Buchwert-Verhältnis derzeit nicht überteuert, aber auch hier finden sich aktuell keine Schnäppchen mehr.

Hätte man seit 30. November 2002 jedes Jahr zum 1. Dezember eines Jahres die jeweils 100 Werte mit dem günstigsten Kurs-Buchwert-Verhältnis im S&P 500 gekauft, hätte man nach 15 Jahren zum 30. November 2017 eine Gesamtrendite von 479 % erzielt, statt der 297 %, die der Index erzielte.

## Kurs-Freier-Cashflow-Verhältnis KCV

Das KCV (Engl. price to free cash flow ratio) gibt das Verhältnis der Marktkapitalisierung zum freien Cashflow an. Diese Größe ist richtig berechnet meist nicht leicht zu bekommen, stellt aber eine viel aussagefähigere Größe dar als das KGV, weil in der Cashflow-Rechnung viele Größen, die den Gewinn beeinflussen, wieder eingerechnet werden. Das bedeutet, dass diese Größe vom Management schwerer zu beeinflussen ist als der ausgewiesene Gewinn. Darüber hinaus ist der freie Cashflow die entscheidende Größe, wenn es darum geht, welche Dividende von einem Unternehmen gezahlt werden kann, bzw. welche Mittel ins weitere Wachstum investiert werden können. Wie für das KGV und KBV gilt auch für das KCV: Je kleiner, desto besser. Je weniger ich als Käufer für eine Einheit freien Cashflow an der Börse bezahle, desto günstiger ist der Preis der Aktie. Eine Studie über den Zeitraum von 1950 bis 2007 hat ergeben, dass ein jährlich aus allen Werten des Dow Jones Industrial Average (DJIA) mit einem KCV von 15 oder weniger gebildetes Portfolio eine Wertentwicklung von 22,8 % pro Jahr aufwies, während der DJIA selbst nur eine Performance von 7,8 % pro Jahr aufwies.

**Beispiel Siemens AG**

Laut Geschäftsbericht der Siemens AG für das Jahr 2017 wies das Unternehmen am Stichtag zum 30. September 2017 einen freien Cashflow von 4.769 Mio. EUR aus. Der Kurs ebenfalls zum Geschäftsjahresende betrug 119,20 EUR. Multipliziert mit der Anzahl der ausstehenden Aktien von 829.164.000 Stück ergibt das eine Marktkapitalisierung von gerundet 98.836 Mio. EUR. Daraus errechnet sich ein KCV von 20,72 bzw. eine Cashflow-Rendite von 4,83 %.

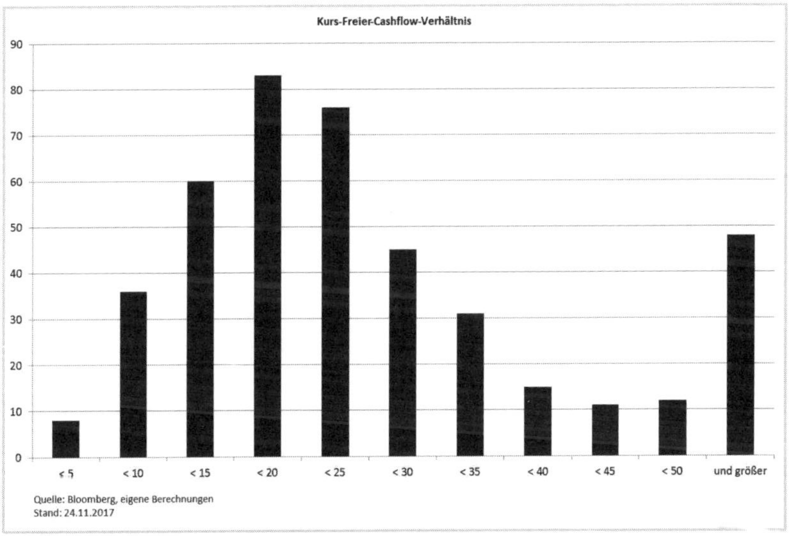
Kurs-Freier-Cashflow-Verhältnis
90
80
70
60
50
40
30
20
10
0
≤ 5
< 10
< 15
< 20
< 25
< 30
< 35
< 40
< 45
< 50
und größer
Quelle: Bloomberg, eigene Berechnungen
Stand: 24.11.2017

*Abbildung 15: Verteilung der Unternehmen nach KCV*

Abbildung 15 zeigt, wie sich im S&P 500 die einzelnen KCVs auf die verschiedenen Unternehmensgrößen nach Marktkapitalisierung verteilen. Auch hier ist das KCV einer Aktie hoch bei Werten, die über dem mittleren Wert liegen, und niedrig, wenn sie darunter liegen.

Um diese Frage zu beantworten, haben wir alle weltweit notierten Aktien in Gruppen nach ihrer Marktkapitalisierung, d. h. ihrem Börsenwert, eingeteilt und ihre mittleren Kurs-Freier-Cashflow-Verhältnisse berechnet. Das Ergebnis für große Unternehmen ab Börsenwert 5 Mrd. EUR, für mittlere Unternehmen mit einer Markt-kapitalisierung zwischen 700 Mio. EUR und 1,5 Mrd. EUR und für kleine Unternehmen mit einer Börsenkapitalisierung zwischen 250 Mio. und 400 Mio. zeigt Abbildung 16.

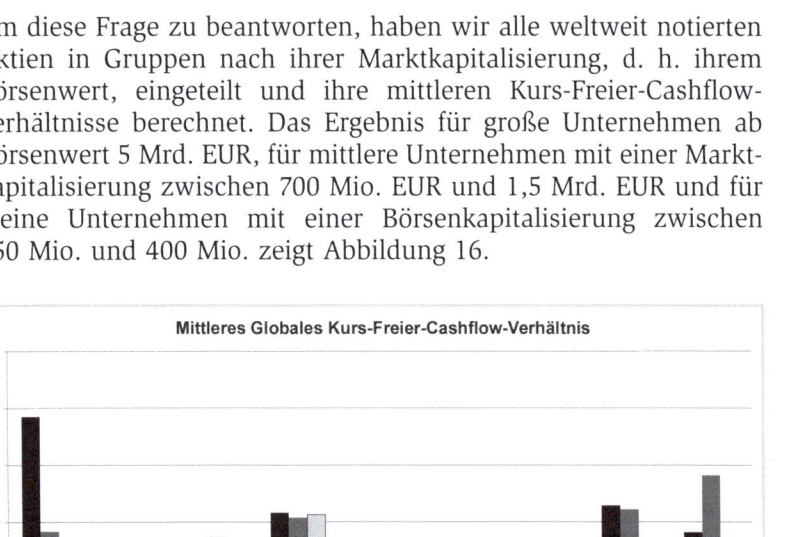

*Abbildung 16: Mittleres globales Kurs-Freier-Cashflow-Verhältnis,
Quelle: Bloomberg, eigene Berechnungen*

Die Zahlen des Jahres 2016 zeigen: Je nach Größe des Unterneh-mens liegt das mittlere KCV zwischen 15 und 25. Kleinere Unter-nehmen sind im Schnitt niedriger bewertet als mittlere und große. Im historischen KCV-Vergleich seit dem Jahr 2000 erscheinen die großen und kleinen börsennotierten Unternehmen derzeit ange-messen bewertet. Unternehmen mittlerer Marktkapitalisierung sind so hoch bewertet wie in den vergangenen 16 Jahren nicht mehr.

Hätte man seit 30. November 2002 jedes Jahr zum 1. Dezember eines Jahres die jeweils 100 Werte mit dem günstigsten Kurs-Freier-Cashflow-Verhältnis im S&P 500 gekauft, hätte man nach 15 Jahren zum 30. November 2017 eine Gesamtrendite von 521 % erzielt, auch hier eine deutlich bessere Performance als beim zugrundeliegenden Index (297 %). In den letzten 15 Jahren hätte es sich also ebenfalls sehr gelohnt, auf das KCV zu achten.

## Unternehmenswert zu operativem Gewinn (EV to EBIT)

Die Kenngröße »Unternehmenswert zu operativem Gewinn« wird meist mit »EV to EBIT« abgekürzt (für Englisch: enterprise value to earnings before interest and taxes).

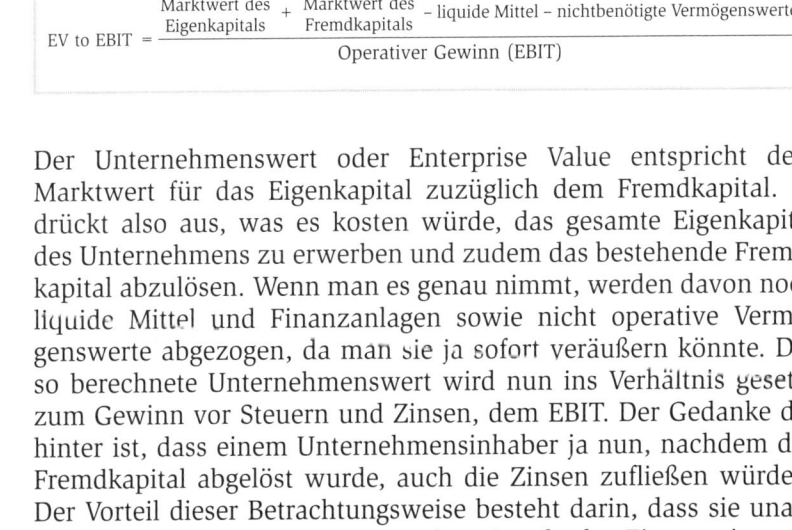

$$EV\ to\ EBIT = \frac{\begin{array}{c}\text{Marktwert des} \\ \text{Eigenkapitals}\end{array} + \begin{array}{c}\text{Marktwert des} \\ \text{Fremdkapitals}\end{array} - \text{liquide Mittel} - \text{nichtbenötigte Vermögenswerte}}{\text{Operativer Gewinn (EBIT)}}$$

Der Unternehmenswert oder Enterprise Value entspricht dem Marktwert für das Eigenkapital zuzüglich dem Fremdkapital. Er drückt also aus, was es kosten würde, das gesamte Eigenkapital des Unternehmens zu erwerben und zudem das bestehende Fremdkapital abzulösen. Wenn man es genau nimmt, werden davon noch liquide Mittel und Finanzanlagen sowie nicht operative Vermögenswerte abgezogen, da man sie ja sofort veräußern könnte. Der so berechnete Unternehmenswert wird nun ins Verhältnis gesetzt zum Gewinn vor Steuern und Zinsen, dem EBIT. Der Gedanke dahinter ist, dass einem Unternehmensinhaber ja nun, nachdem das Fremdkapital abgelöst wurde, auch die Zinsen zufließen würden. Der Vorteil dieser Betrachtungsweise besteht darin, dass sie unabhängig von der Finanzierungsstruktur ist, da das Eigen- wie auch das Fremdkapital einbezogen wird. Diese Größe eignet sich auch

gut zum Vergleich über verschiedene Branchen hinweg, da Abschreibungen nicht in die Berechnungen einfließen.

Dies wollen wir mit einem sehr einfachen Beispiel verdeutlichen: mit der Bewertung von zwei Mietshäusern. Dazu betrachten wir zwei Mehrfamilienhäuser im Wert von jeweils 1.000.000 EUR. Sie weisen jeweils Mieteinnahmen von 50.000 EUR jährlich auf. Vom Gebäudewert in Höhe von 500.000 EUR dürfen pro Jahr 2 % oder 10.000 EUR abgeschrieben werden. Der einzige Unterschied zwischen den beiden Objekten besteht in der Finanzierung. Mietshaus 1 ist nur zu 50 % fremdfinanziert, während diese Quote bei Mietshaus 2 viel höher ist und 90 % beträgt. Details wie Instandhaltung, Nebenkosten, etc. vernachlässigen wir im Rahmen dieses Beispiels.

**Betrachten wir Mietshaus 1:**
Der Unternehmenswert beträgt 1.000.000 EUR (Eigenkapital + Fremdkapital). Das EBIT in Höhe von 40.000 EUR erhält man, indem man von den Mieteinnahmen in Höhe von 50.000 EUR die Abschreibungen von 10.000 EUR abzieht. Um den Jahresüberschuss von 21.000 EUR zu berechnen, ziehen wir vom EBIT zunächst die Zinsen in Höhe von 30.000 EUR ab und berechnen auf den verbleibenden Gewinn vor Steuern von 30.000 EUR die Steuern von 9.000 EUR, die dann ebenfalls noch abgezogen werden.

**Nun im Vergleich dazu Mietshaus 2:**
Bis zum EBIT ist die Berechnung identisch. Danach hinterlässt die höhere Fremdfinanzierung ihre Spuren. Sie führt in Verbindung mit höheren Zinszahlungen und niedrigeren Steuern zu einem etwas niedrigeren Jahresüberschuss in Höhe von 15.400 EUR.

Nehmen wir einmal an, dass das Eigenkapital der Mietshäuser an der Börse notiert wäre und zum Buchwert gehandelt würde. Damit entspräche der Marktwert dem Buchwert. Setzen wir bei der Berechnung des Kurs-Gewinn-Verhältnisses nun den Marktwert des Eigenkapitals in Verhältnis zum Jahresüberschuss, dann sehen wir, dass das KGV der beiden Mietshäuser mit 23,8 für Mietshaus 1 und 6,5

für Mietshaus 2 völlig unterschiedlich ist, obwohl der einzige Unterschied in der Finanzierung steckt.

Unsere neue Kenngröße EV to EBIT ist dagegen identisch. Das vereinfacht uns den Vergleich unterschiedlicher Unternehmungen ungemein. Zur Eigenkapitalrendite kommen wir im nächsten Abschnitt. Den Vergleich der beiden Mietshäuser mit den wichtigsten Kennzahlen zeigt Tabelle 15.

|   |   | Mietshaus 1 | Mietshaus 2 |
|---|---|---|---|
| 1 | Eigenkapital | 500.000 | 100.000 |
| 2 | Fremdkapital | 500.000 | 900.000 |
| 3 | Unternehmenswert | 1.000.000 | 1.000.000 |
| 4 | Mieteinnahmen | 50.000 | 50.000 |
| 5 | Abschreibungen 2 % von 500.000 | 10.000 | 10.000 |
| 6 | EBIT | 40.000 | 40.000 |
| 7 | 2 % Zinsen für Fremdkapital | 10.000 | 18.000 |
| 8 | Gewinn vor Steuern | 30.000 | 22.000 |
| 9 | Steuern 30 % | 9.000 | 6.600 |
| 10 | Jahresüberschuss | 21.000 | 15.400 |
|   |   |   |   |
|   | KGV | 23,8 | 6,5 |
|   | EV to EBIT | 25 | 25 |
|   | ROE | 4,2 % | 15,4 % |

*Tabelle 15: Vergleich der beiden Mietshäuser mit den wichtigsten Kennzahlen*

Die Kennzahl EV to EBIT ist für uns die wichtigste Kennzahl, da sie unabhängig von der Finanzierung des Unternehmens ist. Allerdings hat diese Kennzahl auch einen gravierenden Nachteil: Sie steht für börsennotierte Banken nicht zur Verfügung, da für diese aufgrund der abweichenden Rechnungslegung kein Unternehmenswert EV berechnet werden kann.

Der Unternehmenswert im Verhältnis zum operativen Gewinn beträgt beim S&P im Mittel ca. 14. Werte, die darüber liegen, sind schon als teuer, und Unternehmen mit einem Wert von mehr als 20 sind schon als sehr teuer einzustufen. Abbildung 17 zeigt, wie sich die EV-to-EBIT-Werte auf die verschiedenen Unternehmensgrößen (nach Marktkapitalisierung) verteilen.

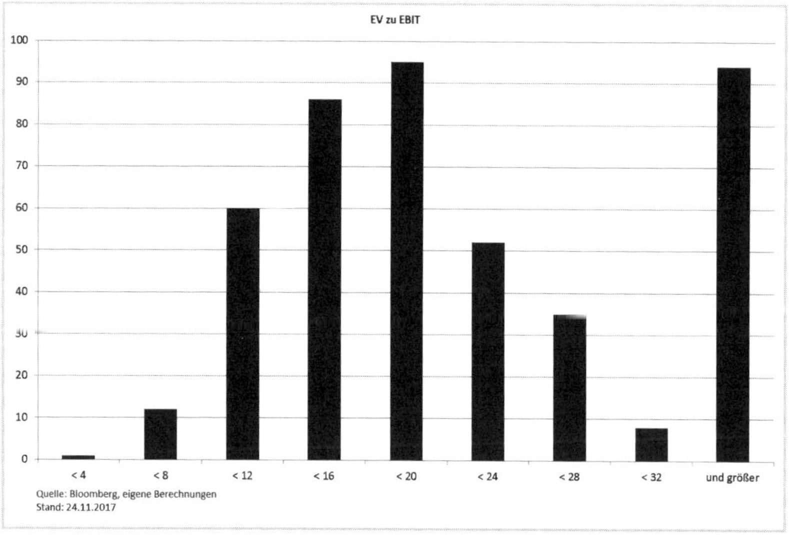

*Abbildung 17: Verteilung des EV to EBIT auf die unterschiedlichen Unternehmensgrößen (Marktkapitalisierung), Quelle: Bloomberg, eigene Berechnungen*

Wann ist das EV to EBIT einer Aktie hoch, wann niedrig? Um diese Frage zu beantworten, haben wir alle weltweit notierten Aktien in

Gruppen nach ihrer Marktkapitalisierung, d. h. ihrem Börsenwert, eingruppiert und jeweils das mittlere Verhältnis von Unternehmenswert zu operativem Gewinn berechnet. Auch hier gelten Unternehmen ab einem Börsenwert von 5 Mrd. EUR als groß, Unternehmen mit einem Börsenwert zwischen 700 Mio. EUR und 1,5 Mrd. EUR als mittelgroß und Unternehmen mit einer Börsenkapitalisierung zwischen 250 Mio. EUR und 400 Mio. EUR als klein. Das Ergebnis ist in Abbildung 18 zu sehen.

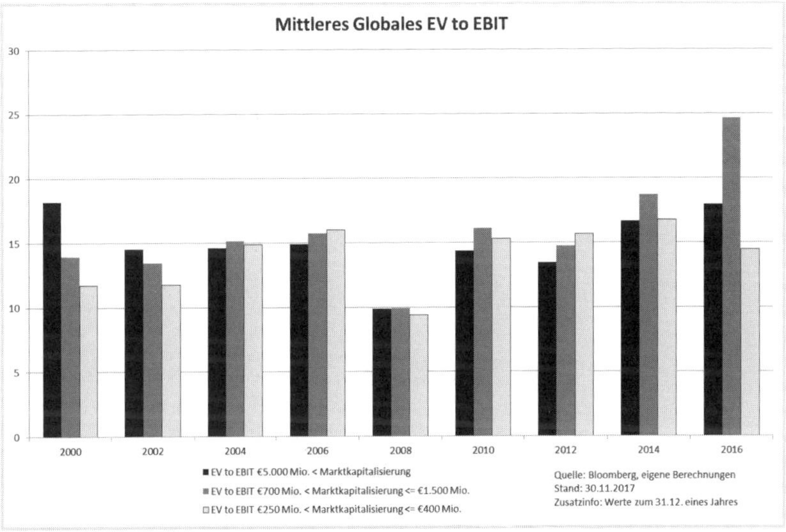

*Abbildung 18: Mittleres globales EV to EBIT, Quelle: Bloomberg, eigene Berechnungen*

Die Unternehmen weisen auf Basis der Zahlen des Jahres 2016 je nach Größe ein mittleres EV to EBIT zwischen 14 und 25 aus. Kleinere Unternehmen sind im Schnitt etwas niedriger bewertet als große und sehr viel niedriger als mittlere. Im historischen EV-to-EBIT-Vergleich seit dem Jahr 2000 sind die globalen börsennotierten Unternehmen derzeit eher überdurchschnittlich teuer, bis auf die kleinen Unternehmen bis zu einer Marktkapitalisierung von 400 Mio. EUR.

Hätte man seit 30. November 2002 jedes Jahr zum 1. Dezember eines Jahres jeweils die 100 Werte mit dem günstigsten EV to EBIT im S&P 500 gekauft, hätte man nach 15 Jahren zum 30. November 2017 eine Gesamtrendite von 607 % erzielt, statt der durchschnittlichen Index-Performance von 297 %. Bevor jedoch allzu große Freude über dieses grandiose Ergebnis ausbricht, sollte man berücksichtigen, dass Banken kein EBIT ausweisen und deshalb nicht im Portfolio berücksichtigt sind. Trotzdem ist das Ergebnis sehr beachtlich, insbesondere, da Bankaktien nicht nur im Jahr 2008 extrem gelitten haben, sondern davor und danach auch kräftig gestiegen sind.

## Eigenkapitalrendite

Die Eigenkapitalrendite (engl. return on equity ROE) gibt an, wie hoch der Jahresüberschuss im Vergleich zum durchschnittlichen Eigenkapital einer Aktiengesellschaft ist. Eine hohe Eigenkapitalrendite kann auf einen Wettbewerbsvorteil hindeuten. Sie kann aber auch das Ergebnis eines hohen Risikos durch hohen Fremdkapitaleinsatz sein.

$$\text{Return on Equity ROE} = \frac{\text{Jahresüberschuss}}{\text{durchschnittliches Eigenkapital}}$$

Wir betrachten dazu nochmals unsere beiden Mietshäuser aus dem vorherigen Abschnitt und gehen davon aus, dass sich am Eigenkapital im Laufe des Jahres nichts geändert hat (siehe Tabelle 16).

Während Mietshaus 1 eine recht bescheidene Eigenkapitalrendite von 4,2 % aufweist, kann Mietshaus 2 mit eindrucksvollen 15,4 % aufwarten. In diesem Fall deutet, wie wir ja bereits wissen, die hohe Kapitalrendite von Mietshaus 2 nicht auf einen Wettbewerbsvorteil im Vergleich zu Mietshaus 2 hin, sondern auf ein erhöhtes Risiko durch hohen Fremdkapitaleinsatz.

| | Mietshaus 1 | Mietshaus 2 |
|---|---|---|
| Eigenkapital | 500.000 | 100.000 |
| Fremdkapital | 500.000 | 900.000 |
| Unternehmenswert | 1.000.000 | 1.000.000 |
| Mieteinnahmen | 50.000 | 50.000 |
| Abschreibungen 2 % von 500.000 | 10.000 | 10.000 |
| EBIT | 40.000 | 40.000 |
| 2 % Zinsen für Fremdkapital | 10.000 | 18.000 |
| Gewinn vor Steuern | 30.000 | 22.000 |
| Steuern 30 % | 9.000 | 6.600 |
| Jahresüberschuss | 21.000 | 15.400 |
| | | |
| KGV | 16,7 | 4,5 |
| EV to EBIT | 20 | 20 |
| ROE = Jahresüberschuss / Eigenkapital | 4,2 % | 15,4 % |

*Tabelle 16: Vergleich der beiden Mietshäuser nach Eigenkapitalrendite*

Deshalb darf die Eigenkapitalrendite keinesfalls isoliert betrachtet werden. Auch ist es aus diesem Grund sinnlos, die Aktienauswahl allein an der Höhe der Eigenkapitalrendite zu orientieren. Da wir aber als Aktionäre letztendlich einen Anteil am Eigenkapital eines Unternehmens halten, ist diese Kennzahl trotzdem sehr wichtig. Denn sie stellt die Rendite dar, mit der sich unser Eigenkapital verzinst.

Eine niedrige Eigenkapitalrendite deutet auf ineffizienten Kapitaleinsatz hin, eine sehr hohe Rendite eventuell wie im Beispiel oben auf einen hohen Fremdkapitaleinsatz mit entsprechenden Risiken

für die finanzielle Stabilität. Im positiven Fall dagegen verweist eine hohe Eigenkapitalrendite auf einen Wettbewerbsvorteil. Hohe Eigenkapitalrenditen tendieren dazu, im Laufe der Zeit zu sinken, niedrige Eigenkapitalrenditen neigen umgekehrt dazu zu steigen.

## Beispiel Siemens AG

Die Konzernbilanz von Siemens weist für das Geschäftsjahr 2017 zum 30. September 2017 ein Eigenkapital in Höhe von 44.527 Mio. EUR und für das Geschäftsjahr 2016 ein Eigenkapital von 34.816 Mio. EUR aus. Das durchschnittliche Eigenkapital betrug damit 39.672 Mio. EUR. In der Gewinn- und Verlustrechnung des Konzerns steht ein Gewinn nach Steuern in Höhe von 6.179 EUR. Daraus ergibt sich eine Eigenkapitalrendite (ROE) von 15,6 %.

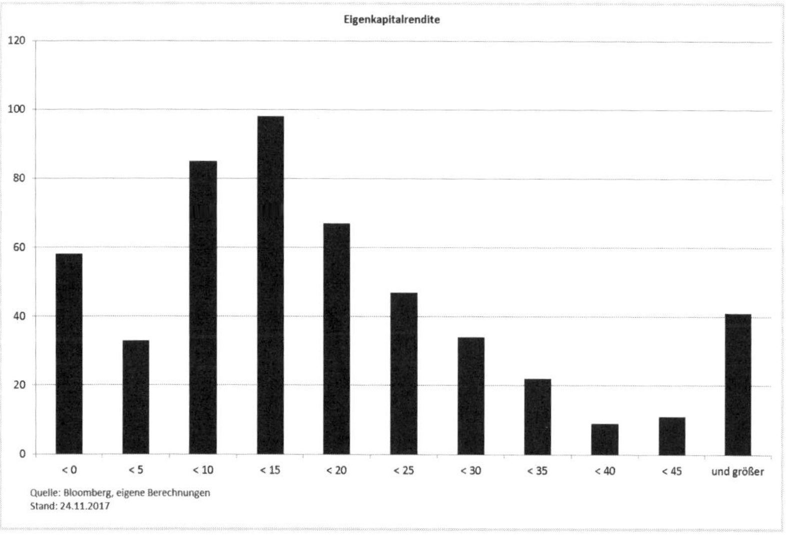

*Abbildung 19: Die Verteilung der Eigenkapitalrenditen im S&P 500, Quelle: Bloomberg, eigene Berechnungen*

Wie hoch eine mittlere Eigenkapitalrendite derzeit liegt, ersieht man aus Abbildung 19. Mehr als 50 Unternehmen haben eine negative Eigenkapitalrendite, verdienen also gar kein Geld. Die mittlere Eigenkapitalrendite liegt bei 14 %. Unternehmen, die bei 15 bis 25 % liegen, sind schon als sehr gut einzustufen. Renditen darüber werden kaum haltbar sein, weil dann das betreffende Geschäftsfeld für Wettbewerber einfach zu attraktiv ist.

Wann ist die Eigenkapitalrendite eines Unternehmens hoch, wann niedrig? Um diese Frage zu beantworten, haben wir alle weltweit notierten Aktien nach ihrer Marktkapitalisierung in Gruppen eingeteilt und jeweils die mittlere Eigenkapitalrendite berechnet. Als groß gelten abermals Unternehmen mit einem Börsenwert von 5 Mrd. EUR oder mehr, zu den mittelgroßen Unternehmen zählen diejenigen, die an der Börse zwischen 700 Mio. EUR und 1,5 Mrd. EUR wert sind, und als klein eingestuft sind Unternehmen mit einer Börsenkapitalisierung zwischen 250 Mio. und 400 Mio. EUR. Das Ergebnis ist in Abbildung 20 und auf globaler Ebene in Abbildung 21 dargestellt:

Die Zahlen des Jahres 2016 führen zu folgendem Ergebnis: Je nach Größe der jeweiligen Unternehmen liegt die mittlere Eigenkapitalrendite zwischen 8 und 11 %. Schon seit vielen Jahren lässt sich außerdem beobachten, dass kleinere Unternehmen im Schnitt eine niedrigere Eigenkapitalrendite aufweisen als mittelgroße. Mittelgroße Unternehmen wiederum haben eine niedrigere Eigenkapitalrendite als große Unternehmen. Die Ursache dafür könnte in der höheren Eigenkapitalquote der kleinen Unternehmen liegen, die das vorteilhaft niedrige Zinsumfeld nicht so gut nutzen können wie die globalen Konzerne.

Um den eingegangenen Risiken Rechnung zu tragen, sollte die minimale durchschnittliche Eigenkapitalrendite über einen Konjunturzyklus, oder ersatzweise über eine Zeitspanne von sieben Jahren aus unserer Sicht bei mindestens 10 %, besser aber bei einem noch höheren Anteil liegen.

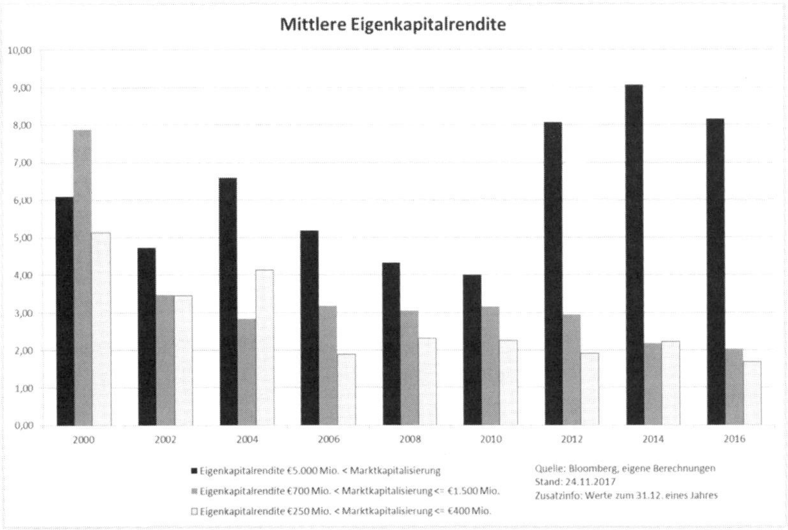

**Mittlere Eigenkapitalrendite**

Eigenkapitalrendite €5.000 Mio. < Marktkapitalisierung
Eigenkapitalrendite €700 Mio. < Marktkapitalisierung <= €1.500 Mio.
Eigenkapitalrendite €250 Mio. < Marktkapitalisierung <= €400 Mio.

Quelle: Bloomberg, eigene Berechnungen
Stand: 24.11.2017
Zusatzinfo: Werte zum 31.12. eines Jahres

*Abbildung 20: Mittlere Eigenkapitalrendite, Quelle: Bloomberg, eigene Berechnungen*

**Mittlere globale Eigenkapitalrendite**

Eigenkapitalrendite €5.000 Mio. < Marktkapitalisierung
Eigenkapitalrendite €700 Mio. < Marktkapitalisierung <= €1.500 Mio.
Eigenkapitalrendite €250 Mio. < Marktkapitalisierung <= €400 Mio.

Quelle: Bloomberg, eigene Berechnungen
Stand: 30.11.2017
Zusatzinfo: Werte zum 31.12. eines Jahres

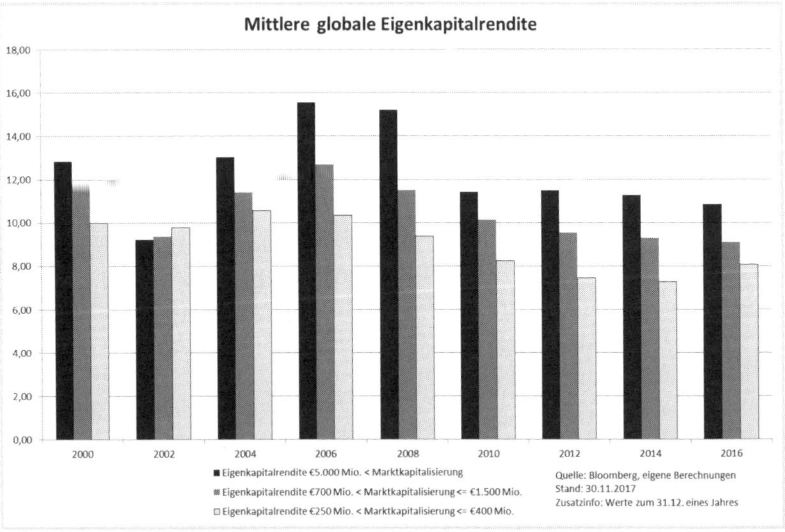

*Abbildung 21: Mittlere globale Eigenkapitalrendite, Quelle: Bloomberg, eigene Berechnungen*

## Dividendenrendite

Die Dividendenrendite ist die Dividende pro Aktie geteilt durch den Kurs der Aktie. Alternativ lässt sich die Dividendenrendite auch berechnen, indem die gesamte Dividendenzahlung ins Verhältnis zur Marktkapitalisierung gesetzt wird. Die Dividendenrendite gibt an, wie viel Prozent eines Aktien-Investments dem Aktionär pro Jahr in Form einer Dividendenzahlung wieder zufließen. Ausgedrückt wird die Dividendenrendite üblicherweise in Prozent.

$$\text{Dividendenrendite} = \frac{\text{Dividende pro Aktie}}{\text{Kurs}} = \frac{\text{Ausgeschüttete Dividenden}}{\text{Marktkapitalisierung}}$$

### Beispiel Siemens AG

Der Vorstand der Siemens AG hat für die Hauptversammlung für das Geschäftsjahr 2017, die am 31. Januar 2018 stattfinden soll, eine Dividendenzahlung in Höhe von 3,70 EUR pro Aktie vorgeschlagen. Die Hauptversammlung wird diese Dividende voraussichtlich wie vorgeschlagen beschließen und wahrscheinlich wird diese dann am 1. Februar 2018 ausgeschüttet. Den Schlusskurs am Tag der Hauptversammlung kennen wir heute (bei Redaktionsschluss am 15. Dezember 2017) zwar noch nicht. Der Kurs zu diesem Stichtag beträgt jedoch 116,72 EUR. Mit diesem hilfsweise zur Berechnung verwendeten Aktienkurs ergäbe sich eine Dividendenrendite von 3,17 %. Der Eröffnungskurs am Tag der Zahlung, dem sogenannten Ex-Tag, wird dann rund 3,70 EUR niedriger sein als am Vortag, wobei die normalen Kursschwankungen gleichwohl stattfinden. Für den Anleger wird sich natürlich dadurch nichts ändern, da die 3,70 EUR ja dann auf seinem Konto gutgeschrieben sein werden, allerdings gegebenenfalls abzüglich der Abgeltungssteuer.

Auch bei Siemens macht die Dividende einen großen Anteil am Gesamtertrag aus. Wer am 31. Dezember 1993 für 100.000 EUR Aktien gekauft hat, dem sind seitdem 92.943,05 EUR an Dividenden zugeflossen (steuerliche Effekte bleiben in diesem Beispiel unberücksichtigt). Der reine Kurszuwachs der Aktien betrug 187.406,43 EUR (Stand 2013 – an der Grundüberlegung hat sich aber nichts Wesentliches geändert.)

Wie wichtig Dividenden für den Gesamtertrag einer Aktienanlage sind, zeigt ein Blick auf den S&P 500: So wurde der Ertrag des US-amerikanischen Börsenbarometers seit 1938 zu 43 Prozent durch Dividenden generiert. Insbesondere in Zeitabschnitten, in denen die Kursentwicklung auf der Stelle tritt, wie etwa in den 70er-Jahren, ist eine möglichst attraktive Dividende unverzichtbar. Wie gut Aktien mit hoher Dividende im Vergleich zum Gesamtmarkt abschneiden, veranschaulicht Abbildung 22.

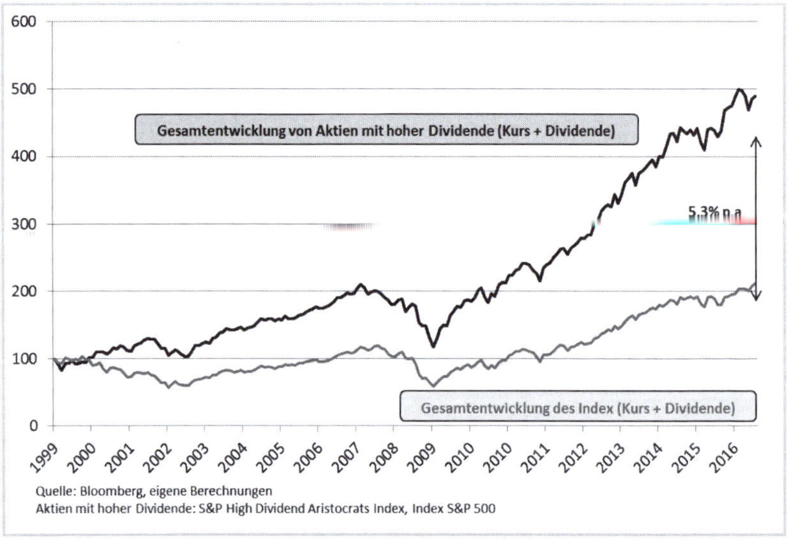

*Abbildung 22: Vergleich der Gesamtentwicklung des S&P 500 High Dividend Aristocrats mit dem S&P 500, Quelle: Bloomberg, eigene Berechnungen*

Die Dividende ist nicht vollständig unabhängig von der Geschäftsentwicklung. Aber sie ist dennoch deutlich unabhängiger davon als
die Kursbewegungen. Unternehmen, zu deren Geschäftspolitik es
gehört, eine regelmäßige Dividende an ihre Aktionäre auszuschüt-
ten, halten in der Regel auch in vorübergehend schwierigen Zeiten
an dieser Geschäftspolitik fest, nicht zuletzt, um ihre Aktionärsbasis
nicht zu enttäuschen. Die damit verbundene hohe Dividendenrendite wirkt in vielen Fällen auch als Polster bei Kursrückgängen.
Oft verlieren Aktien mit hoher Dividendenrendite bei Kursrückschlägen weniger als der breite Markt (siehe Abbildung 23).

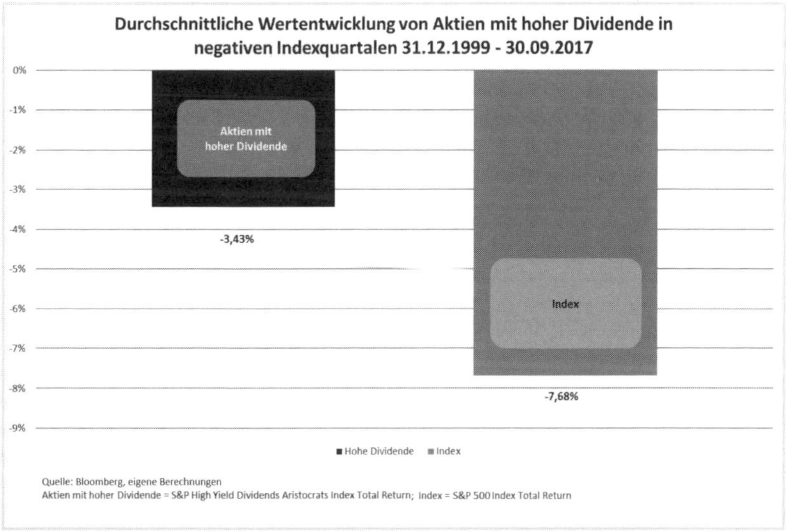

**Durchschnittliche Wertentwicklung von Aktien mit hoher Dividende in negativen Indexquartalen 31.12.1999 - 30.09.2017**

Quelle: Bloomberg, eigene Berechnungen
Aktien mit hoher Dividende = S&P High Yield Dividends Aristocrats Index Total Return; Index = S&P 500 Index Total Return

*Abbildung 23: Durchschnittliche Wertentwicklung von Aktien mit hoher Dividende im Ver-
gleich zum Gesamtmarkt am Beispiel des S&P, Quelle: Bloomberg, eigene Berechnungen*

Aktien mit hoher Dividende haben in der Vergangenheit nicht nur
für einen hohen Cashflow gesorgt, der an den Investor zurückfließt,
sondern sie haben darüber hinaus zusammen mit der Kursentwicklung eine bessere Gesamtperformance im Vergleich mit dem

Gesamtmarkt verzeichnet, wie sich aus Abbildung 24 entnehmen lässt.

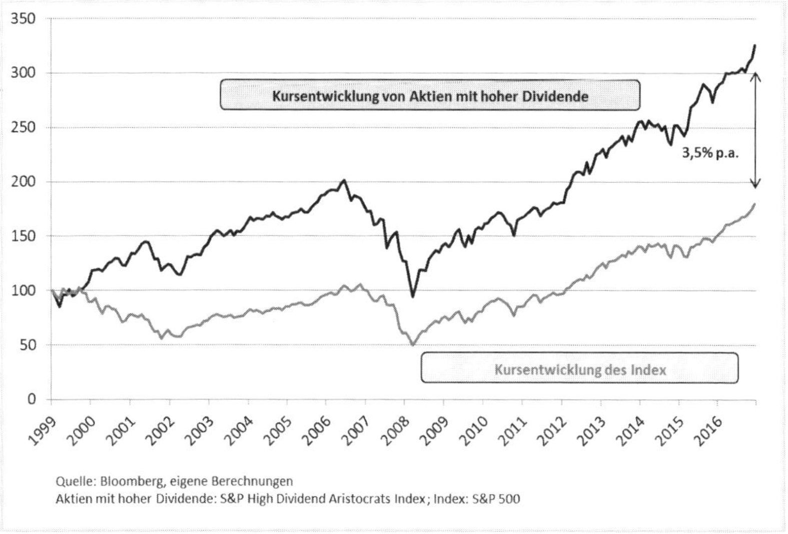

*Abbildung 24: Kursentwicklung US-amerikanischer Aktien mit hoher Dividende 1999 bis 2016, Quelle: Bloomberg, eigene Berechnungen*

Die Zahlung von Dividenden an die Aktionäre hat auf das Management einen disziplinierenden Einfluss. Zwar konnen Gelder, die an die Aktionäre ausgezahlt werden, nicht mehr im Unternehmen reinvestiert werden, aber sie können eben auch keinen Fehlinvestments zugeführt werden.

Die letzte Überlegung zollt dem Umstand seinen Tribut, dass Dividenden mit echtem Geld bezahlt werden müssen und nicht durch Finanz- und Buchhaltungs-Hokuspokus zustande kommen. Bilanz-Betrügern wird mit einer solchen soliden Dividendenpolitik das Leben deutlich erschwert.

Die mittlere Dividendenrendite, welche die Unternehmen im S&P 500 zahlen, liegt bei etwa 2 %. Nur eine Handvoll Unternehmen schütten mehr als 6 % pro Jahr aus. Wie sich die Dividendenrenditen über die Unternehmensgrößen nach Börsenwert verteilen, das zeigt Abbildung 25.

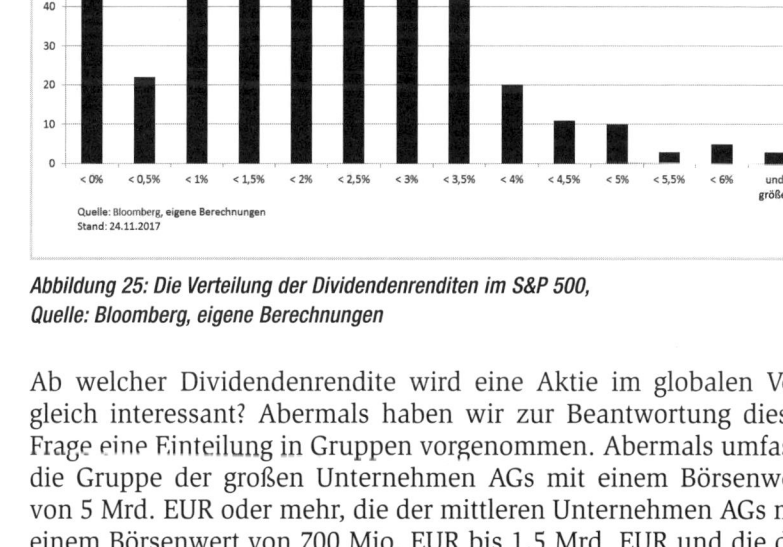

*Abbildung 25: Die Verteilung der Dividendenrenditen im S&P 500,*
*Quelle: Bloomberg, eigene Berechnungen*

Ab welcher Dividendenrendite wird eine Aktie im globalen Vergleich interessant? Abermals haben wir zur Beantwortung dieser Frage eine Einteilung in Gruppen vorgenommen. Abermals umfasst die Gruppe der großen Unternehmen AGs mit einem Börsenwert von 5 Mrd. EUR oder mehr, die der mittleren Unternehmen AGs mit einem Börsenwert von 700 Mio. EUR bis 1,5 Mrd. EUR und die der kleineren Unternehmen AGs mit einem Börsenwert zwischen 250 und 400 Mio. EUR. Das Ergebnis ist in Abbildung 26 dargestellt.

Die Unternehmen weisen auf Basis der Zahlen des Jahres 2016 je nach Größe eine mittlere Eigenkapitalrendite zwischen 1,3 % und 2,5 % aus. Auch hier fällt auf, dass mittlere Werte teuer sind, also wenig Dividende bezahlen. Wir legen deshalb die minimale Dividendenrendite für die Auswahl interessanter Cashflow-Aktien auf 2,5 %.

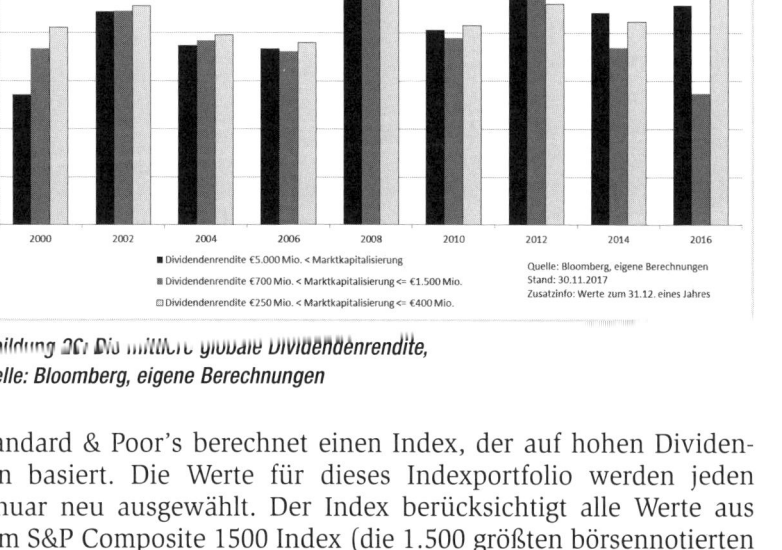

Abbildung 20: Die mittlere globale Dividendenrendite,
*Quelle: Bloomberg, eigene Berechnungen*

Standard & Poor's berechnet einen Index, der auf hohen Dividenden basiert. Die Werte für dieses Indexportfolio werden jeden Januar neu ausgewählt. Der Index berücksichtigt alle Werte aus dem S&P Composite 1500 Index (die 1.500 größten börsennotierten amerikanischen Unternehmen), die seit mindestens 20 Jahren eine jährlich steigende Dividende auszahlen. Diese werden nach der erwarteten Dividende im Portfolio gewichtet mit einem Maximum von 4 % je Aktie. Je höher die erwartete Dividende ist, desto stärker wird die Aktie gewichtet.

Hätte man in den 15 Jahren seit 30. November 2002 bis 30. November 2017 jährlich in die 100 Aktien aus dem S&P 500 mit der jeweils höchsten Dividendenrendite investiert, hätte das eine Rendite einschließlich Dividenden von 428 % gebracht, im Vergleich zu 297 % Durchschnittsperformance im S&P-500-Index. Die Dividende alleine ist also im Vergleich zu den Bewertungskriterien KCV und EV to EBIT nicht ganz so leistungsstark.

Die Zahlung einer Dividende stellt in erster Linie eine Managemententscheidung über die Gewinnverwendung dar. Sie hat nichts damit zu tun, ob ein Unternehmen günstig bewertet ist oder nicht. Die Dividendenrendite stellt nur indirekt eine Bewertungskennziffer wie KGV, KBV, KCV etc. dar, da bei einem festgelegten Dividendenbetrag die Dividendenrendite umso höher ist, je niedriger der Kurs der Aktie steht.

## Ausschüttungsquote 1 und 2

Bei der Ausschüttungsquote 1 wird die Dividende ins Verhältnis gesetzt zum Jahresüberschuss, bei der Ausschüttungsquote 2 wird sie ins Verhältnis gesetzt zum operativen Cashflow.

$$\text{Ausschüttungsquote 1} = \frac{\text{Dividende pro Aktie}}{\text{Gewinn pro Aktie}} = \frac{\text{Ausgeschüttete Dividende}}{\text{Jahresüberschuss}}$$

$$\text{Ausschüttungsquote 2} = \frac{\text{Dividende pro Aktie}}{\text{Operativer Cashflow pro Aktie}} = \frac{\text{Ausgeschüttete Dividende}}{\text{Operativer Cashflow}}$$

## Beispiel Siemens AG

Für das Geschäftsjahr 2017 hat der Vorstand der Siemens AG die Ausschüttung einer Dividende in Höhe von insgesamt 3.014 Mio. EUR (3,70 EUR pro Aktie) vorgeschlagen. Sollte die Hauptversammlung am 31. Januar 2018 dieser Dividende zustimmen, dann ergäben sich daraus folgende Ausschüttungsquoten:

Mit dem Gewinn nach Steuern in Höhe von 6.179 Mio. EUR ergibt sich eine Ausschüttungsquote 1 in Höhe von 48,8 %, und mit dem operativen Cashflow von 7.176 Mio. EUR ergibt sich eine Ausschüttungsquote 2 von 42,0 %.

## Beispiel Deutsche Telekom

Für das Geschäftsjahr 2012 hat die Deutsche Telekom 3.400 Mio. EUR (0,70 EUR pro Aktie) als Dividende ausgeschüttet. Dem gegenüber steht ein Jahresfehlbetrag von 4.757 Mio. EUR und ein operativer Cashflow von 15.762 EUR. Daraus ergibt sich eine Ausschüttungsquote 2 von 21,6 %. Die Ausschüttungsquote 1 ist negativ. Eine Betrachtung der Jahresüberschüsse der Vorjahre zeigt, dass diese mit 670 Mio. EUR für 2011 und 1.760 EUR für das Jahr 2010 ebenfalls nicht zur Deckung der Dividenden gereicht hätten. Ist die Ausschüttungsquote 1 höher als 100 %, reichen also die Gewinne der Gesellschaft nicht, um die Dividenden zu decken. In einem solchen Fall müssen die Dividenden entweder aus dem Eigenkapital, aus einer Kapitalerhöhung oder aus der Aufnahme von Krediten bestritten werden. Alles keine sehr verlockenden Aussichten für Aktionäre. Folgerichtig hat die Deutsche Telekom eine Senkung der Dividende von 70 Cent je Aktie auf 50 Cent vorgenommen. Man darf gespannt sein, ob Maßnahmen dieser Art auf Dauer ausreichen werden.

Unternehmen, die mehr als den Jahresüberschuss als Dividende auszahlen, reinvestieren meist wenig in ihr Geschäft. Sie wachsen nicht mehr, ja befinden sich häufig sogar bereits im Niedergang.

Ist die Dividende höher als der operative Cashflow, dann kann die Dividende nur durch Kreditaufnahme oder Kapitalerhöhung gezahlt werden. In diesem Fall ist höchste Vorsicht angebracht, da sich das erfahrungsgemäß nicht lange fortsetzen lässt.

Neben der Höhe und der Dynamik der Dividende ist die Frage wichtig, wo die Dividende herkommt. Wird sie aus den laufenden Erträgen bestritten, aus dem laufenden Cashflow oder wird sie aus der Substanz bzw. aus neu aufgenommenem Fremdkapital bedient?

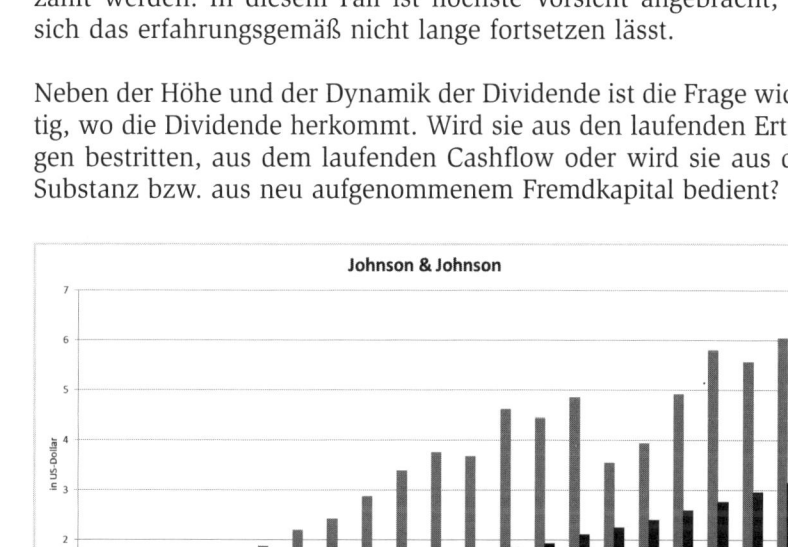

*Abbildung 27: Johnson & Johnson: Anteil der Dividende pro Aktie im Vergleich zum Gewinn pro Aktie, Quelle Bloomberg, eigene Berechnungen*

Beispielhaft sind im Folgenden zwei unterschiedliche Unternehmen dargestellt. Zum einen zeigt Abbildung 27 die Verhältnisse bei Johnson & Johnson, einem Unternehmen, bei dem ca. 40 % des Jahresüberschusses als Dividende ausgeschüttet werden.

Das zweite Beispiel zeigt die Deutsche Telekom (Abbildung 28), bei der unschwer erkennbar ist, dass die Dividenden nicht aus den laufenden Erträgen kommen können, sondern, dass hier möglicherweise über einen geraumen Zeitraum die Dividende aus der Substanz heraus bestritten wurde. Dies war möglich, weil die Deutsche Telekom über Jahre wenig in ihr Netz investiert hat. Inzwischen wurde die Dividende von 0,70 EUR auf 0,50 EUR pro Aktie gesenkt. Denn ein solcher Raubbau an der Unternehmenssubstanz lässt sich nicht endlos fortsetzen.

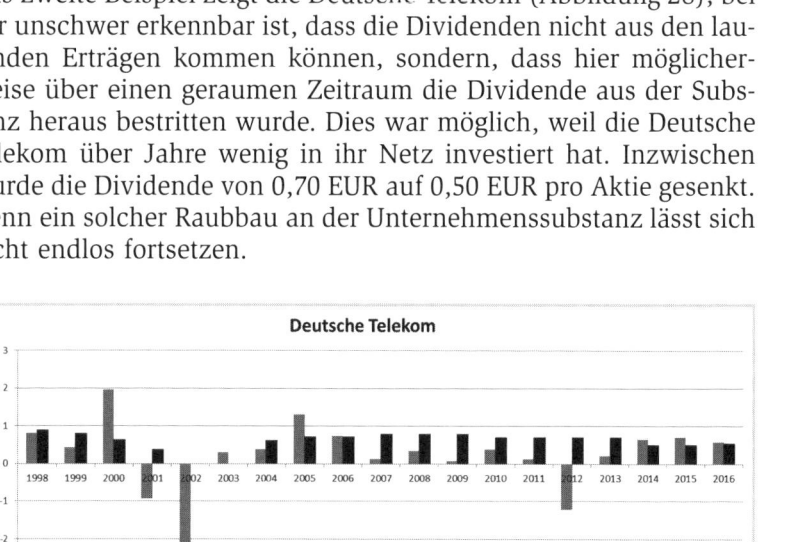

*Abbildung 28: Deutsche Telekom: Anteil der Dividende pro Aktie im Vergleich zum Gewinn pro Aktie, Quelle Bloomberg, eigene Berechnungen*

## 3.3 Das Geschäftsmodell »Moat«, der schützende Burggraben

*Go for a business that any idiot can run – because sooner or later any idiot probably is going to be running it.*

*Peter Lynch (* 1944, langjähriger Fondsmanager und Investmentprofi)*

Wenn man die Geschäftszahlen eines Unternehmens untersucht und für gut befunden hat, sollte man sich das Geschäftsmodell näher anschauen. Besonders interessiert dabei der Aspekt, wie es um die Wettbewerbssituation bestellt ist. Wenn das Unternehmen über dem Buchwert notiert, wenn also das KBV größer 1 liegt, dann spricht das dafür, dass es Wettbewerbsvorteile hat, die es in höhere Gewinnmargen ummünzen kann. Wer in das Unternehmen investieren will, sollte zu einer Einschätzung darüber gelangen, ob diese Gewinnmargen auch in Zukunft noch gewährleistet sein werden.

Bevor wir in das Thema einsteigen, müssen wir uns vor Augen halten, wie unser kapitalistisches System funktioniert. Wenn ein Unternehmen eine Nische entdeckt, in der sich hohe Gewinnmargen erzielen lassen, dann wird das den Wettbewerb anlocken wie das Licht die Motten. Dieser Wettbewerb wird dann dazu führen, dass entweder die Umsätze des betreffenden Unternehmens zurückgehen oder dass die Gewinnmargen schrumpfen. Beides sind keine guten Nachrichten für einen Aktionär, weil beides zu sinkenden Unternehmensgewinnen führt.

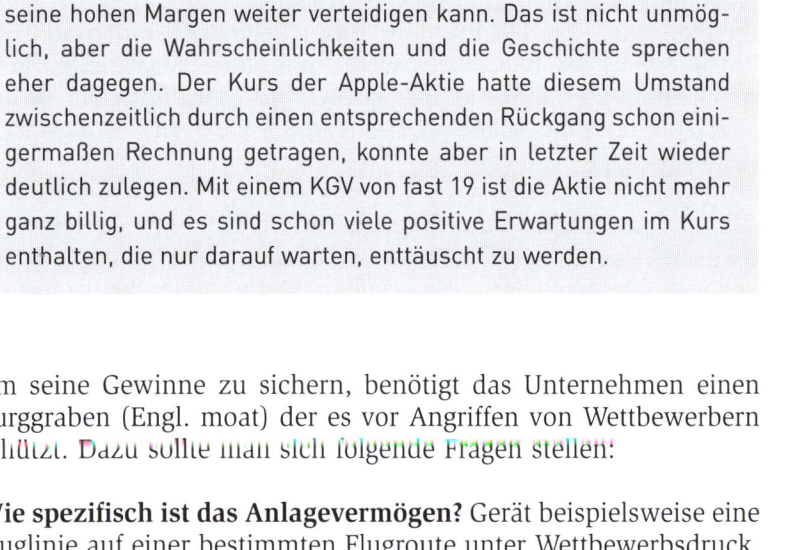

**Beispiel Apple**

Ein Beispiel in diesem Zusammenhang ist das iPhone. Bei seinem Erscheinen im Jahr 2001 absolut alleine gestellt am Markt, konnte Apple sehr hohe Gewinnmargen von über 40 % durchsetzen. Inzwischen hat Samsung mit der Galaxy-Reihe die Marktführerschaft übernommen. Weitere Mobiltelefon-Hersteller haben die Verfolgung bereits aufgenommen, und alle wollen ein Stück vom Kuchen. Es wird interessant werden, ob Apple seine Premiumstellung und seine hohen Margen weiter verteidigen kann. Das ist nicht unmöglich, aber die Wahrscheinlichkeiten und die Geschichte sprechen eher dagegen. Der Kurs der Apple-Aktie hatte diesem Umstand zwischenzeitlich durch einen entsprechenden Rückgang schon einigermaßen Rechnung getragen, konnte aber in letzter Zeit wieder deutlich zulegen. Mit einem KGV von fast 19 ist die Aktie nicht mehr ganz billig, und es sind schon viele positive Erwartungen im Kurs enthalten, die nur darauf warten, enttäuscht zu werden.

Um seine Gewinne zu sichern, benötigt das Unternehmen einen Burggraben (Engl. moat) der es vor Angriffen von Wettbewerbern schützt. Dazu sollte man sich folgende Fragen stellen:

**Wie spezifisch ist das Anlagevermögen?** Gerät beispielsweise eine Fluglinie auf einer bestimmten Flugroute unter Wettbewerbsdruck, dann kann sie einfach mit ihren Flugzeugen andere Ziele anfliegen. Anders eine Telefongesellschaft, die ein Glasfaserkabel von A nach B verlegt hat. Sie wird jede mögliche Maßnahme ergreifen, um ihr im Boden liegendes Investment zu schützen. Ein Wettbewerber wird sich also zweimal überlegen, ob er eine solche Telefongesellschaft angreift, während einer Wettbewerber-Fluglinie diese Entscheidung viel leichter fällt.

**Gibt es Skaleneffekte?** In einigen Branchen gibt es große Skaleneffekte. Mit dem Bau von großen Verkehrsflugzeugen oder der Fertigung von Stahl kann man nicht klein im Hinterhof beginnen. Man muss erst große Summen in Fabrikationshallen, Lizenzen, Mitarbeiter etc. investieren. Ein potenzieller Wettbewerber muss also erst mal einen bestimmten Marktanteil erreichen, um profitabel konkurrieren zu können. Je höher dieser Break-even-Marktanteil ist, desto mehr schreckt das einen möglichen Wettbewerber ab. In praktisch jeder Branche verfügt der Marktführer über Kostenvorteile. Dazu führen neben den Skaleneffekten, wie oben dargelegt, auch andere Effekte. Zum Beispiel wird ein unter Druck stehender Zulieferer dem Marktführer eher zusätzliche Zugeständnisse beim Einkaufspreis machen, allein schon, um einen zusätzlichen Referenzkunden zu haben. Je ausgeprägter die Marktführerschaft und je zersplitterter die Zulieferer, desto größer die Verhandlungsmacht beim Einkauf.

**Gibt es bereits Überschusskapazitäten?** In Branchen, in denen bereits nicht genutzte Überschusskapazitäten bestehen, würde ein weiterer Wettbewerber diese erhöhen. Die bestehenden Unternehmen werden also hart gegen einen neuen Wettbewerber kämpfen.

**Ist das Unternehmen Kostenführer in seinem Segment?** Falls es Wettbewerber gibt, die zu deutlich niedrigeren Kosten produzieren und über große Ressourcen verfügen, kann das erhebliche negative Folgen für das Unternehmen haben. Das hat deutlich das Beispiel Kali und Salz AG (K + S) im Jahr 2013 gezeigt. Wettbewerber der Kali und Salz AG produzieren zu einem Viertel oder Fünftel der Kosten, verfügen über große Ressourcen und planen eine Strategieänderung, indem sie ihr Produktionsvolumen steigern und einen sinkenden Preis in Kauf nehmen. Dies kann für K + S existenzbedrohend werden. Die bisher hohen Margen von K + S sind leider nicht mit einem Burggraben gesichert. Im weiteren Verlauf seit 2013 hat sich der Kurs der Aktie praktisch nicht vom Fleck bewegt.

**Sind die Ressourcen begrenzt? Wer hat Zugriff?** Alcoa, der US-amerikanische Aluminiumhersteller, hat zum Beispiel nach dem zweiten Weltkrieg Exklusivverträge mit jedem Produzenten für qualitativ hochwertiges Bauxit, das Ausgangsmaterial für Aluminium, geschlossen.

**Gibt es Netzwerkeffekte?** Netzwerkeffekte existieren zum Beispiel, wenn ein bestimmter Service umso interessanter wird, je mehr Personen ihn nutzen. Denken Sie nur an die Software von Microsoft. Nur, weil weltweit so viele Menschen Word, Excel, Outlook und Powerpoint nutzen, ist der Anreiz für neue Nutzer so hoch, ebenfalls diese Programme zu kaufen. Einige Dienstleistungen werden überhaupt erst interessant, wenn ihn viele nutzen, wie bei eBay oder Facebook.

**Wie ist das Unternehmen geografisch aufgestellt? Hat das Unternehmen lokale, regionale, nationale oder globale Marktführerschaft?** Ein national aufgestelltes Unternehmen hat zum Beispiel weniger Streueffekte bei der Werbung. Die Werbeausgaben von McDonald's sind absolut gesehen sehr hoch, aber relativ, sprich pro erreichtem Kunden, sind sie sicherlich deutlich geringer als die Werbung von Müllers Imbiss in Stammheim.

**Wie loyal sind die Kunden zur Marke?** Es gibt nur wenige, denen es egal ist, ob sie Pepsi oder Cola trinken oder welche Zigarettenmarke sie rauchen.

**Gibt es ein Lock-in für Kunden, wie hoch sind die Wechselkosten?** Solche Bindungen gibt es durch Verträge (Abonnements sind ein Beispiel), Lernaufwand: Wer Excel und Powerpoint beherrscht, wird nur schwer zu einer anderen Software wechseln. Lock-ins können aber auch durch ein Datenformat bedingt sein: Wer seine Lebensdaten und seine Freunde in Facebook eingegeben hat, will nicht noch mal von vorne anfangen. Solche »Burgen« sind gut zu verteidigen. Die Marktführerschaft in einem scharf definier-

ten Branchensegment ist auch global leicht gegen die Konkurrenz abzuschirmen. Sehr schwierig wird es, die globale Marktführerschaft über viele Branchensegmente zu halten. Es wird in den nächsten Jahren sicher interessant zu beobachten, wie Amazon das schaffen will.

Meiden sollte man unter diesen Gesichtspunkten also Unternehmen in Branchen, die wenig Investitionskapital benötigen und bei denen das Anlagevermögen vielfältig genutzt werden kann. Gleiches gilt für Unternehmen, die sehr breit aufgestellt sind und in keinem Segment über eine überzeugende Marktführerschaft verfügen.

Eine große Gefahr für etablierte marktführende Unternehmen mit stabilen Gewinnmargen in der Vergangenheit stellen Innovationen und technologische Umwälzungen dar. Man denke in diesem Zusammenhang zum Beispiel an die Eastman Kodak Company, den Pionier und Marktführer in Sachen Film und Foto, der die Umstellung auf die Digitalfotografie nicht überlebt hat. Trotz vielen Rettungsversuchen musste dieses Unternehmen am 19. Januar 2012 einen Insolvenzantrag gemäß Kapitel 11 stellen. Oder man bedenke, was die Einführung der Smartphones à la iPhone mit Nokia und Blackberry gemacht hat, was der Mobilfunk für die Festnetzanbieter bedeutet, Amazon für die Buchhandlung Borders oder das Auto mit den Pferdefuhrunternehmern. Beispiele gibt es massenhaft. Der Friedhof der Unternehmen ist voll von Geschichten dieser Art. Wer ein Unternehmen lange im Portfolio halten will, sollte sorgfältig Ausschau halten nach technologischen Umwälzungen, die sein Investment gefährden können.

Die weichen Faktoren dieser Aufzählung sind nicht systematisch anhand von Kennzahlen zu filtern. Deshalb haben wir sie für den Fall aufgeführt, dass Fragen bezüglich der Bewertung einer AG und der Nachhaltigkeit ihrer Margen auftauchen. Gerade bei einem Unternehmen, das aufgrund seiner hohen Gewinnmargen günstig erscheint, ist es klug, sie zu stellen.

## Management

Das Management trifft die Entscheidungen über die strategische Entwicklung des Unternehmens. In von eitlen und selbstherrlichen Führungskräften gesteuerten Unternehmen werden häufig Entscheidungen getroffen, die zwar den persönlichen Zielen der Vorstände oder des Vorstandsvorsitzenden dienlich sind, aber nicht den Aktionären. Man denke nur an die Fehlentscheidungen, die im Daimlerkonzern in der Ära Schrempp getroffen wurden.

Ebenso gibt es Unternehmen, an denen beispielsweise der Staat große Anteile besitzt. Hier besteht die Gefahr, dass wichtige Posten nach anderen Kriterien als der persönlichen Fachkompetenz vergeben werden. Auch können in solchen Unternehmen Entscheidungen erzwungen werden, die politischen, aber nicht immer wirtschaftlichen Zielen dienlich sind, zum Beispiel die Aufrechterhaltung eines unrentablen Standorts oder Geschäftszweigs.

Unserer Ansicht nach sprechen besonders zwei Indizien dafür, dass Entscheidungen im Sinne der Aktionäre getroffen werden: Erstens: Das Management ist wesentlich am Unternehmenserfolg beteiligt. Und zwar nicht über kurzfristige Optionen, die ebenso kurzfristige Fehlanreize schaffen, sondern als vollwertige Aktionäre. Wenn die Führung im gleichen Boot sitzt wie die langfristigen Investoren, ist die richtige Anreizstruktur vorhanden, um gute, langfristig ausgerichtete strategische Entscheidungen zu treffen. Zweitens: Wenn ein Unternehmen über einen längeren Zeitraum von zehn Jahren oder mehr gezeigt hat, dass kontinuierlich Entscheidungen im Sinne der Aktionäre getroffen wurden, besteht eine hohe Wahrscheinlichkeit, dass dies auch in der Kultur des Unternehmens verankert ist. Dies ist das zweite Indiz. Ideal ist selbstverständlich, wenn beide Indizien zusammenkommen.

Bei der Untersuchung erfolgreicher Unternehmen hat sich außerdem gezeigt: Unternehmen, die Ressourcen in die Entwicklung neuer, vorteilhafter Produkte stecken, entwickeln sich besser als Unterneh-

men, die hauptsächlich über den Preis konkurrieren. Ebenso entwickeln sich Unternehmen besser, deren Management auf steigende Umsätze hinarbeitet, als Unternehmen, deren Gewinne hauptsächlich wachsen, weil die Kosten gesenkt werden.

## Der »Schweinezyklus«

Der Begriff »Schweinezyklus« stammt aus der Landwirtschaft. Der Agrarmarktforscher Arthur Hanau hat in seiner Dissertation 1927 die Entwicklung der Schweinepreise untersucht. Dabei hat sich Folgendes herausgestellt: Hohe Schweinepreise führen zu verstärkten Investitionen, die zu einem späteren Zeitpunkt zu einer Erhöhung des Schweineangebotes führen. Dies führt dann zu einem Überangebot mit sinkenden Schweinepreisen. Investitionen werden zurückgefahren, das Schweineangebot sinkt in der Folge, und der Preis fängt wieder an zu steigen. Damit steht der Kreislauf wieder am Anfang, und das Spiel kann von Neuem beginnen. Dieses zyklische Auf und Ab wird Schweinezyklus genannt.

Dieses Muster ist selbstverständlich nicht auf Schweine beschränkt, sondern findet sich in fast allen Wirtschaftsbereichen. Deshalb hat sich der Begriff Schweinezyklus auch für die Konjunkturzyklen in der Wirtschaft eingebürgert.

Dieser Zyklus ist für Investoren hochrelevant, da es ausgesprochen zyklische Branchen wie die Investitionsgüter- oder die Bergbauindustrie gibt. Da die Marktteilnehmer wissen, dass diese Branchen hohen Gewinnschwankungen unterworfen sind, wird das von diesen natürlich antizipiert. Das führt dazu, dass am vermuteten zyklischen Hoch diese Aktien besonders günstig bewertet sind und am zyklischen Tief besonders teuer erscheinen, obwohl dies der bessere Kaufzeitpunkt ist.

Deshalb ist es wichtig, die Aktienbewertung für Unternehmen dieser Brachen nicht nur anhand des abgelaufenen Jahres zu ermitteln,

sondern anhand eines kompletten Marktzyklus. Viele Experten empfehlen dafür die Daten von sieben Jahren.

Der zweite, etwas einfachere Ansatz besteht darin, die Bewertung mit den wichtigsten Konkurrenten zu vergleichen und damit zumindest zu einem Urteil über die relative Preiswürdigkeit zu kommen. Der Zusatznutzen besteht darin, dass man auch gleich einen Überblick über die wichtigen Wettbewerber erhält. Eingefleischten Value-Investoren dürften bei diesen Ausführungen die Haare zu Berge stehen, aber die Praxis zeigt, dass mit dieser Vorgehensweise ähnliche Ergebnisse erzielt werden wie mit einem absoluten Ansatz.

## 3.4 Praktische Aspekte: Wo lassen sich die Daten finden?

Da die Konzernjahresabschlüsse wichtig für die Analyse der Unternehmen sind, stellt sich die Frage, woher man diese am besten bezieht.

In Europa ist es bei den börsennotierten Unternehmen üblich, den Jahresabschluss, die Quartalsberichte und Weiteres wie Präsentationen, Pressemitteilungen etc. auf der Website des Unternehmens zu hinterlegen. Meist erfolgt dies unter der Rubrik »Investor Relations«.

Darüber hinaus werden die gesetzlich vorgeschriebenen Rechenschaftsdokumente sowie kursrelevante Ad-hoc-Meldungen auch über das Unternehmensregister www.unternehmensregister.de elektronisch veröffentlicht und können dort online abgerufen werden. Diese Dokumente sind allerdings schwer lesbar, sodass man als Anleger in der Praxis gerne auf die Internet-Präsenzen der Aktiengesellschaften zurückgreift. Dabei ist manchmal etwas Kreativität gefordert. Wer z. B. den über 300-seitigen aktuellen Jahresbericht von

Siemens auf der deutschen Website www.siemens.de erwartet, der kann lange suchen. Die richtige Website findet sich unter www.siemens.com. Dort findet sich auch die gesuchte Rubrik »Investor Relations«, die auf der DE-Website weggelassen wurde.

In den USA dagegen veröffentlichen viele Unternehmen anstatt eines ausführlichen Geschäftsberichtes nur eine Kurzversion des Jahresabschlusses, bei Exxon Mobil hat diese z.B. nur rund 50 Seiten. Die ganzen Zahlen finden sich dann im von der SEC vorgeschriebenen Pflichtdokument 10-K, das ebenfalls auf der Internetseite des Unternehmens zu finden ist oder elektronisch unter www.sec.gov bei EDGAR (Electronic Data-Gathering, Analysis, and Retrieval System) abgerufen werden kann. Neben dem Jahresbericht ist auch der Quartalsbericht von Bedeutung, der als Pflichtdokument 10-Q abgerufen werden kann. Aufschluss über die Anreize für das Management kann das Dokument 14-A geben, in dem die Vergütung der Vorstände in Geld, aber auch in Optionen offengelegt wird.

Man sollte sich bei seinen Recherchen nicht der Illusion hingeben, bei Weltunternehmen wie Siemens, die von Dutzenden von Analysten überwacht werden, durch das Studium der Quartals- und Jahresberichte zu neuen, bahnbrechenden Erkenntnissen zu kommen. Es wäre ja seltsam, wenn diese allen anderen Branchenspezialisten bisher verborgen geblieben wären. Der von uns vorgeschlagene systematische und kennzahlengetriebene Prozess entfaltet seine Wirkung auf ganz andere Weise, auf die wir noch näher eingehen.

## 3.5 Zusammenfassung

Wir haben gesehen, wie die Rechnungslegung einer börsennotierten Gesellschaft aufgebaut ist, und wie man wichtige Kennzahlen zur Bewertung eines Unternehmens oder einer Aktie ermittelt. Zur besseren Übersicht haben wir die Ergebnisse nochmals zusammengefasst, die man erhält, wenn man bestimmte Kennzahlen für die

Aktienauswahl heranzieht. Der Anlagezeitraum startet jeweils am 30. November 2002 und endet am 30. November 2017. Jeweils am 1. Dezember eines jeden Jahres werden die nach dem entsprechenden Kriterium 100 günstigsten Aktien aus dem S&P 500 zu je 1 % in das Portfolio aufgenommen. Diese werden dann ein Jahr lang gehalten und am 30. November des Folgejahres wird der ganze Prozess wiederholt, ein Vorgehen, wie es auch ein Privatanleger nachvollziehen könnte. Die Gesamtrendite spiegelt die Wertentwicklung einschließlich wiederangelegter Dividende wider. Tabelle 17 zeigt die Ergebnisse der verschiedenen Auswahlstrategien in der Gesamtschau.

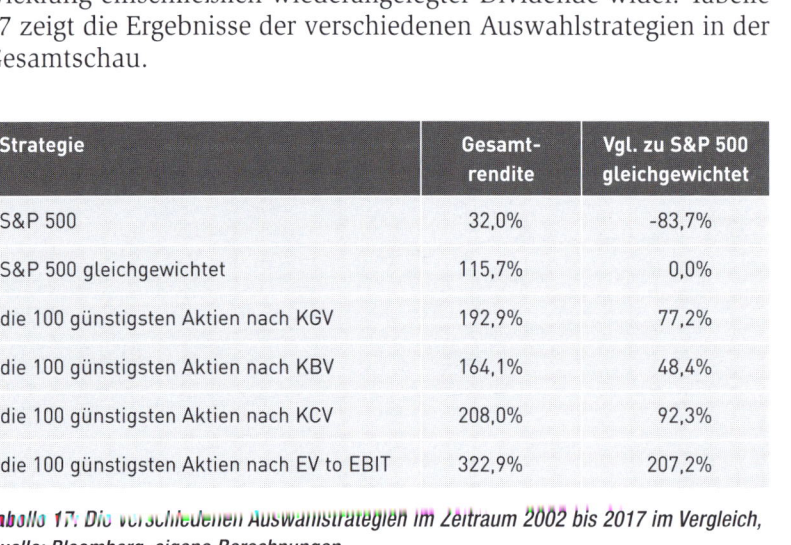

| Strategie | Gesamt-rendite | Vgl. zu S&P 500 gleichgewichtet |
|---|---|---|
| S&P 500 | 32,0% | -83,7% |
| S&P 500 gleichgewichtet | 115,7% | 0,0% |
| die 100 günstigsten Aktien nach KGV | 192,9% | 77,2% |
| die 100 günstigsten Aktien nach KBV | 164,1% | 48,4% |
| die 100 günstigsten Aktien nach KCV | 208,0% | 92,3% |
| die 100 günstigsten Aktien nach EV to EBIT | 322,9% | 207,2% |

Tabelle 17: Die verschiedenen Auswahlstrategien im Zeitraum 2002 bis 2017 im Vergleich, Quelle: Bloomberg, eigene Berechnungen

Eine erste Erkenntnis besteht darin, dass die Performance eines gleichgewichteten Index höher ist als die eines kapitalgewichteten Index, der oft von wenigen Werten dominiert wird. Dies gilt grundsätzlich für die meisten Indizes auf der ganzen Welt.

Da wir in unseren Berechnungen die Aktien gleichgewichtet in die Portfolios gelegt haben, ist der gleichgewichtete Index die Referenz, mit der die Performance verglichen werden muss.

Unschwer ist zu erkennen, dass man mit der **systematischen Nutzung** der richtigen Kennzahl einen bedeutenden Mehrwert gegenüber diesem gleichgewichteten Index schaffen kann. Zudem kann die Kombination sinnvoller Kennzahlen noch zu einem darüber hinausgehenden Wert führen. Zu beachten ist allerdings, dass diese Outperformance in der Praxis keinesfalls für jedes einzelne Jahr realisiert wird, sondern lediglich im Durchschnitt über mehrere Jahre. In der Praxis wird die Wertentwicklung etwas geringer ausfallen als dargestellt, da in den Berechnungen weder Kosten noch Steuern berücksichtigt sind.

Ganz klar wird hingegen, dass hier Potenzial für einen systematischen Mehrwert vorhanden ist.

# 4 Wie kommt man zu einer aussagekräftigen Bewertung?

*It's far better to buy a wonderful company at a fair price than a fair company at a wonderful price.*

Warren Buffett

Wenn wir Aktien für unser Cashflow-Depot kaufen, dann wollen wir folgende Kriterien erfüllt wissen:

1. Bilanzqualität
2. Stimmiges, bewährtes Geschäftsmodell
3. Nachhaltige Dividende
4. Günstiger Kaufpreis
5. Auswahlkriterien beim Kauf

**Bilanzqualität** heißt für uns: Die Eigenkapitalquote beläuft sich auf über 25 %, das Unternehmen hat in den letzten drei Jahren einen positiven freien Cashflow erwirtschaftet, und es macht aktuell Gewinn.

**Stimmiges, bewährtes Geschäftsmodell** bedeutet, dass wir die Marktposition des Unternehmens verstehen. Ob dieses nachhaltig ist oder z. B. nur auf besonderen Fördermaßnahmen des Staates beruht (siehe Solarindustrie). Außerdem muss das Unternehmen zumindest in Teilbereichen oder Nischen führend sein. Wir sollten verstehen, warum Kunden sich für Produkte oder Dienstleistungen dieses Unternehmens entscheiden.

**Nachhaltige Dividende** bedeutet, dass das Unternehmen die Dividende aus den Gewinnen, zumindest aber aus dem freien Cashflow bestreiten kann und nicht etwa durch Kredite oder aus seiner Substanz finanziert. Die Auszahlungsquote von 75 % sollte normalerweise im mehrjährigen Durchschnitt nicht überschritten werden, da sonst zu wenige Mittel für weiteres Wachstum im Unternehmen verbleiben.

Das wichtigste Kriterium ist allerdings der **Kaufpreis**. Wenn wir das Unternehmen zu teuer erwerben, nutzt alles nichts. Die Dividendenrendite wird auf Dauer zu niedrig sein und unser Kapital ist nicht geschützt, wie das Beispiel Coca-Cola gezeigt hat.

## 4.1 Bewertung an der Börse

Das wichtigste Kriterium beim Kauf einer Aktie ist weder die Unternehmensqualität noch die Höhe der Dividende, sondern die Bewertung. Die schönste und höchste Dividende bzw. das beste Unternehmen nutzt nichts, wenn wir eine Aktie zu teuer einkaufen.

Die Bewertung ist deshalb so wichtig, weil wir nicht nur solide laufende Einnahmen anstreben, sondern insbesondere auch Kapitalerhalt (»margin of safety«). Wenn wir ein gutes Unternehmen zu teuer einkaufen, dann ist ein Kapitalerhalt nicht gewährleistet, obwohl vielleicht alle anderen Parameter stimmen.

Der Erfolg an der Börse hängt nicht nur davon ab, gute Unternehmen zu kaufen, sondern auch davon, Unternehmen zu kaufen, die die in sie gesetzten Erwartungen übertreffen. Angenommen, wir kaufen nun nach tiefgehender Analyse ein substanzstarkes, exzellentes Unternehmen zu einem hohen Preis ein. Dann bedeutet das nichts anderes, als dass die Erwartungen in dieses Unternehmen sehr hoch sind. Und nichts ist in dieser Welt leichter zu enttäuschen als hohe Erwartungen. Kaufen wir dagegen ein Unternehmen in unser Portfolio, bei dem die Zukunftserwartungen schlecht sind und

damit der geforderte Preis eher niedrig erscheint, ist die Wahrscheinlichkeit einer positiven Überraschung viel größer. Und das ist gut für uns als Investoren, weil positive Überraschungen regelmäßig mit steigenden Kursen verbunden sind.

## Beispiel Cisco Systems

Ein interessantes Beispiel ist in diesem Zusammenhang der US-amerikanische Netzwerkausrüster Cisco. Ende der Neunziger Jahre war Cisco noch ein gefeierter New-Economy-Star mit steigenden Gewinnen und explodierendem Aktienkurs. Nach einem Rücksetzer im Jahr 2001 haben sich die Gewinne weiter gut entwickelt und sind heute, 14 Jahre später, mehr als viermal so hoch wie 1998. Der Kurs der Aktie hat sich allerdings kaum von der Stelle bewegt, wie in Abbildung 29 gut zu erkennen ist.

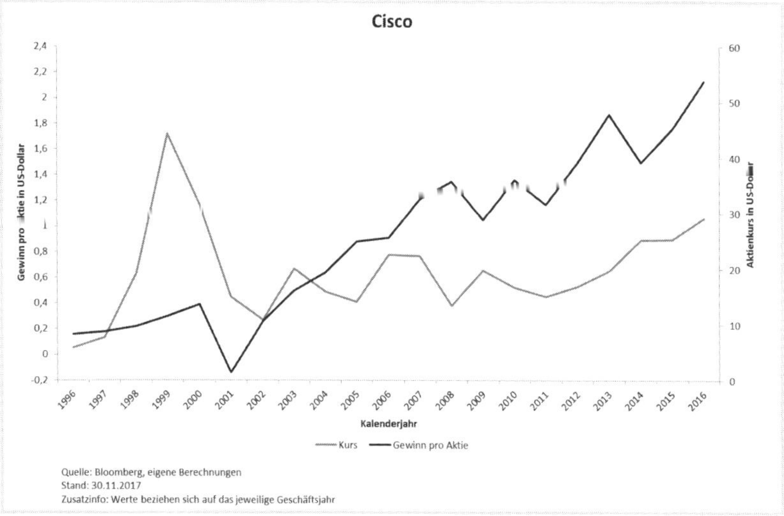

**Cisco**

Quelle: Bloomberg, eigene Berechnungen
Stand: 30.11.2017
Zusatzinfo: Werte beziehen sich auf das jeweilige Geschäftsjahr

*Abbildung 29: Cisco: Gewinn pro Aktie im Vergleich zum Aktienkurs, Quelle: Bloomberg, eigene Berechnungen*

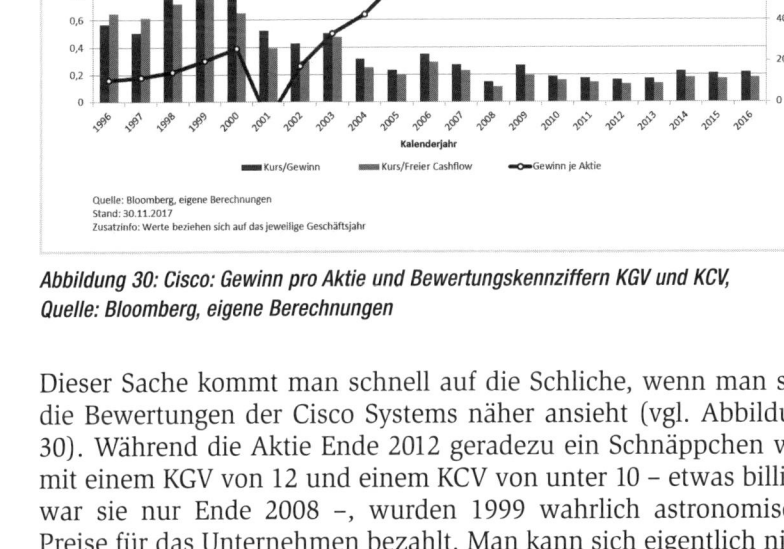

*Abbildung 30: Cisco: Gewinn pro Aktie und Bewertungskennziffern KGV und KCV, Quelle: Bloomberg, eigene Berechnungen*

Dieser Sache kommt man schnell auf die Schliche, wenn man sich die Bewertungen der Cisco Systems näher ansieht (vgl. Abbildung 30). Während die Aktie Ende 2012 geradezu ein Schnäppchen war, mit einem KGV von 12 und einem KCV von unter 10 – etwas billiger war sie nur Ende 2008 –, wurden 1999 wahrlich astronomische Preise für das Unternehmen bezahlt. Man kann sich eigentlich nicht mehr vorstellen, warum Anleger jemals bereit waren, den mehr als 150-fachen Jahresgewinn zu bezahlen. Nehmen wir an, die Gewinne von Cisco, einem Hardwarehersteller, steigen seit 1999 um 17 % pro Jahr. Das entspricht ziemlich genau den Gewinnsteigerungen bei einem der erfolgreichsten Unternehmen der Welt der vergangenen 20 Jahre: nämlich denen von Microsoft, einem Softwarehersteller, der sein Produkt zu geringen Kosten vervielfältigen kann. Nur wenige Firmen sind über einen so langen Zeitraum so stark gewachsen. Nehmen wir weiter an, der komplette Gewinn würde den Aktionären jedes Jahr in irgendeiner Form zufließen.

Wie lange würde es dauern, bis sie ihren Einsatz zurückbekommen hätten Zwanzig Jahre! Man darf davon ausgehen, dass die Käufer von damals deutlich höhere Gewinnsteigerungen erwarteten, wenn ihr Kauf überhaupt auf konkreten Überlegungen beruhte. Kein Wunder, dass diese hohen Erwartungen enttäuscht wurden und die Anleger von damals auch heute noch, nach 18 Jahren, auf hohen Verlusten sitzen.

## 4.2 Pensionsverpflichtungen – ein unterschätztes Risiko?

Die Bundesregierung bezeichnet den demografischen Wandel mittlerweile als eine der bedeutendsten gesellschaftspolitischen Herausforderungen für Deutschland. Immer weniger Berufstätige müssen für immer mehr Rentenempfänger aufkommen. Das ist das große Problem der gesetzlichen Rentenversicherung. Wie steht es aber um die Betriebsrenten, und welche Implikationen ergeben sich daraus für einen Investor?

Grundsätzlich gibt es zwei Arten von Pensionsvorsorgesystemen: das beitragsorientierte Vorsorgesystem und das leistungsorientierte Vorsorgesystem. Beim beitragsorientierten Vorsorgesystem zahlt ein Unternehmen für den Arbeitnehmer einen bestimmten Betrag als Gehaltsbestandteil in einen Pensionsfonds ein. Die Höhe der zukünftigen Pensionszahlung richtet sich nach dem bis zum Pensionseintritt erwirtschafteten Vermögen im Pensionsfonds. Weitergehende, künftige Verpflichtungen hat das Unternehmen aber nicht. Für einen Investor besteht deshalb kein weiterer Analysebedarf. Beim leistungsorientierten Vorsorgeplan ist die Situation eine andere. Dort erwirbt ein Arbeitnehmer einen zukünftigen Pensionsanspruch, dessen Höhe bereits heute feststeht. Das Unternehmen muss aber selbst gewährleisten, wie es diese Pensionen finanziert.

Aus Anlegersicht sind beim leistungsorientierten Vorsorgesystem zwei Punkte besonders kritisch zu sehen. Zum einen wird meist nicht die gesamte Pensionsverpflichtung in einen Pensionsfonds eingezahlt, sondern nur ein Teil davon. Die Differenz zwischen dem Barwert der zukünftigen Pensionsverpflichtung und dem aktuellen Vermögen im Pensionsfonds wird als Rückstellung in der Unternehmensbilanz ausgewiesen. Die Bildung dieser Rückstellung wirkt sich zwar bereits heute ertragsmindernd aus, Geld fließt aber erst dann aus dem Unternehmen ab, wenn das Vermögen im Pensionsfonds aufgestockt wird. Dadurch entsteht eine zukünftige Zahlungsverpflichtung für das Unternehmen, die im Extremfall eventuell nicht geleistet werden kann.

Darüber hinaus muss ein Unternehmen verschiedenste Schätzungen durchführen, um die Höhe der zukünftigen Pensionsverpflichtung zu bestimmen. Beispielsweise muss eine Rendite angenommen werden, mit der sich das aktuelle Pensionsfondsvermögen zukünftig verzinst. Dabei gibt es einen großen Ermessensspielraum. Wird die Rendite höher angesetzt, als sie letztlich ist, dann ist die aktuelle Rückstellung zu niedrig. Zwangsläufig muss dann die Rückstellung erhöht werden. Bei der Mehrzahl der Unternehmen besteht die Tendenz, diese Schätzung eher zu optimistisch als zu konservativ vorzunehmen.

Die folgende Tabelle 18 aus der zweiten Auflage dieses Buches zeigt die gesamten Pensionsverpflichtungen sowie die ungedeckten Pensionsverpflichtungen der 30 DAX-Unternehmen jeweils im Verhältnis zum Börsenwert (Stand: 2014).

*Tabelle 18 (siehe S. 109): Pensionsverpflichtungen der 30 DAX-Unternehmen, Quelle: Bloomberg auf Basis der jeweils zuletzt verfügbaren Geschäftsjahreszahlen*

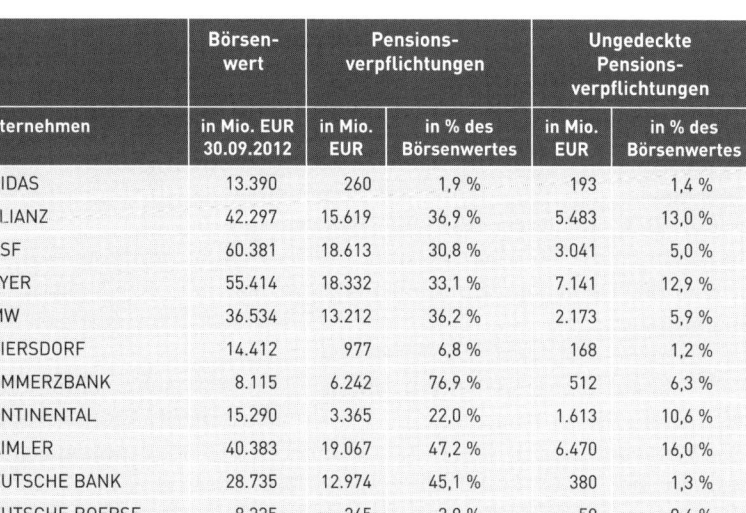

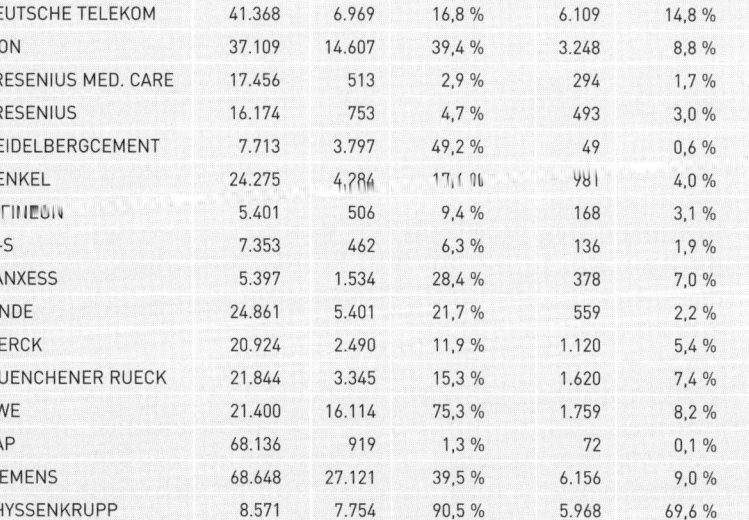

| Unternehmen | Börsen-wert in Mio. EUR 30.09.2012 | Pensions-verpflichtungen | | Ungedeckte Pensions-verpflichtungen | |
|---|---|---|---|---|---|
| | | in Mio. EUR | in % des Börsenwertes | in Mio. EUR | in % des Börsenwertes |
| ADIDAS | 13.390 | 260 | 1,9 % | 193 | 1,4 % |
| ALLIANZ | 42.297 | 15.619 | 36,9 % | 5.483 | 13,0 % |
| BASF | 60.381 | 18.613 | 30,8 % | 3.041 | 5,0 % |
| BAYER | 55.414 | 18.332 | 33,1 % | 7.141 | 12,9 % |
| BMW | 36.534 | 13.212 | 36,2 % | 2.173 | 5,9 % |
| BEIERSDORF | 14.412 | 977 | 6,8 % | 168 | 1,2 % |
| COMMERZBANK | 8.115 | 6.242 | 76,9 % | 512 | 6,3 % |
| CONTINENTAL | 15.290 | 3.365 | 22,0 % | 1.613 | 10,6 % |
| DAIMLER | 40.383 | 19.067 | 47,2 % | 6.470 | 16,0 % |
| DEUTSCHE BANK | 28.735 | 12.974 | 45,1 % | 380 | 1,3 % |
| DEUTSCHE BOERSE | 8.335 | 245 | 2,9 % | 50 | 0,6 % |
| DEUTSCHE LUFTHANSA | 4.871 | 12.941 | 265,7 % | 4.755 | 97,6 % |
| DEUTSCHE POST | 18.462 | 13.257 | 71,8 % | 5.888 | 31,9 % |
| DEUTSCHE TELEKOM | 41.368 | 6.969 | 16,8 % | 6.109 | 14,8 % |
| E.ON | 37.109 | 14.607 | 39,4 % | 3.248 | 8,8 % |
| FRESENIUS MED. CARE | 17.456 | 513 | 2,9 % | 294 | 1,7 % |
| FRESENIUS | 16.174 | 753 | 4,7 % | 493 | 3,0 % |
| HEIDELBERGCEMENT | 7.713 | 3.797 | 49,2 % | 49 | 0,6 % |
| HENKEL | 24.275 | 4.284 | 17,6 % | 981 | 4,0 % |
| INFINEON | 5.401 | 506 | 9,4 % | 168 | 3,1 % |
| K+S | 7.353 | 462 | 6,3 % | 136 | 1,9 % |
| LANXESS | 5.397 | 1.534 | 28,4 % | 378 | 7,0 % |
| LINDE | 24.861 | 5.401 | 21,7 % | 559 | 2,2 % |
| MERCK | 20.924 | 2.490 | 11,9 % | 1.120 | 5,4 % |
| MUENCHENER RUECK | 21.844 | 3.345 | 15,3 % | 1.620 | 7,4 % |
| RWE | 21.400 | 16.114 | 75,3 % | 1.759 | 8,2 % |
| SAP | 68.136 | 919 | 1,3 % | 72 | 0,1 % |
| SIEMENS | 68.648 | 27.121 | 39,5 % | 6.156 | 9,0 % |
| THYSSENKRUPP | 8.571 | 7.754 | 90,5 % | 5.968 | 69,6 % |
| VOLKSWAGEN | 62.775 | 23.251 | 37,0 % | 16.692 | 26,6 % |

Auffallend ist, dass bei vielen Unternehmen die Pensionsverpflichtung einen relativ großen Teil des Börsenwertes ausmacht. Im Fall der Deutschen Lufthansa ist die Verpflichtung sogar mehr als doppelt so hoch wie der Börsenwert. Zudem haben alle Unternehmen ungedeckte Pensionsverpflichtungen. Bei einigen Unternehmen betragen die ungedeckten Verpflichtungen sogar mehr als 10 % des Börsenwertes (Allianz, Bayer, Continental, Daimler, Deutsche Lufthansa, Deutsche Post, Deutsche Telekom, ThyssenKrupp und Volkswagen). Im Fall der Deutschen Lufthansa entsprechen die ungedeckten Verpflichtungen sogar dem Börsenwert.

Am Beispiel der DAX-Unternehmen sieht man sehr schön, dass selbst bei großen Unternehmen Pensionsverpflichtungen ein nicht zu unterschätzendes Risiko darstellen. Der kritische Anleger sollte deshalb bei jeder Unternehmensanalyse auch die Pensionsverpflichtungen in seine Analyse einbeziehen. Wie hoch sind die Pensionsverpflichtungen? Wie hoch sind die ungedeckten Pensionsverpflichtungen?

## 4.3 Dividende

Unternehmen können ihren freien Cashflow verwenden für:

> Investitionen in Wachstum
> die Rückzahlung von Krediten
> die Ausschüttung einer Dividende
> den Rückkauf von Aktien

Unternehmen, die eine Dividende ausschütten, verfügen, wie wir gesehen haben, über eine ganze Reihe von Vorteilen für den Aktionär. Die Zahlung einer Dividende stellt allerdings nur eine Entscheidung der Unternehmensführung dar und macht für sich allein gesehen noch kein gutes Unternehmen aus. Bei der Betrachtung der Divi-

dende gibt es einige interessante Fragen, die wir im Folgenden beleuchten wollen.

## Dividendenhöhe oder Dividendendynamik

Ob man bei der Auswahl der Aktien eher auf die Dividendenhöhe oder eher auf die Dividendendynamik achten soll, ist eine wichtige Frage. Eine niedrige Dividende muss schon sehr stark steigen, damit der gesamte kumulierte Ausschüttungsertrag mit einer hohen Dividende Schritt hält. Schauen wir uns zwei praktische Beispiele an: den Getränkehersteller Coca-Cola und die amerikanische Telefongesellschaft AT&T. Diese weisen folgende Rahmendaten auf (vergleiche Tabelle 19).

| Aktie | Dividenden-rendite | Dividenden-wachstum 1J | Dividenden-wachstum 5J | Auszahlungs-quote 1 |
|---|---|---|---|---|
| Coca-Cola | 2,8 % | 9,8 % | 8,4 % | 55,0 % |
| AT&T | 5,1 % | 2,3 % | 3,8 % | 135,0 % |

*Tabelle 19: Dividendenrendite und Dividendenwachstum bei Coca-Cola und AT&T*

Die Dividendenrendite von AT&T ist mit 5,1 % pro Jahr fast doppelt so hoch wie die von Coca-Cola. Dafür wächst die Dividende von Coca-Cola mit 8,4 % pro Jahr deutlich stärker als die von AT&T. Wie sieht die Entwicklung nun im Zeitablauf aus? Das zeigt Abbildung 31.

Wenn die Dividenden sich weiterhin so entwickeln wie in den letzten fünf Jahren, dann wird die Dividendenrendite von Coca-Cola auf den ursprünglichen Kaufpreis erst in 14 Jahren so hoch sein, wie sie heute bei AT&T schon ist. In der Gesamtbetrachtung darf

man aber nicht vergessen, dass der Investor in den ersten 13 Jahren bei AT&T eine höhere Dividende vereinnahmt. Wenn man also die kumulierten Dividendeneinnahmen betrachtet (siehe Abbildung 32), findet der Break-even erst nach 23 Jahren statt. Und das ohne Betrachtung von Zins und Zinseszins. Die ausgeschütteten Dividenden könnten ja auch wieder angelegt werden.

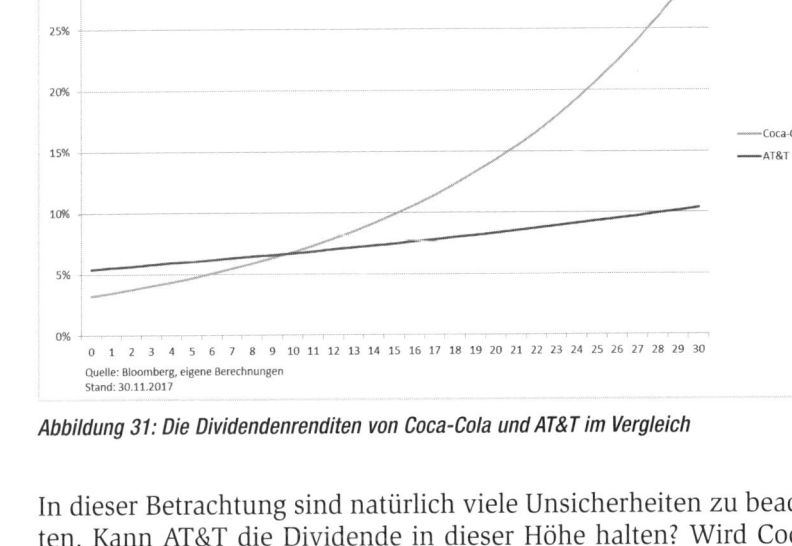

*Abbildung 31: Die Dividendenrenditen von Coca-Cola und AT&T im Vergleich*

In dieser Betrachtung sind natürlich viele Unsicherheiten zu beachten. Kann AT&T die Dividende in dieser Höhe halten? Wird Coca-Cola weiter wachsen?

Aber die Betrachtung zeigt klar, dass für den ausschüttungsorientierten Investor die Höhe der Ausschüttung einen sehr wichtigen Faktor darstellt.

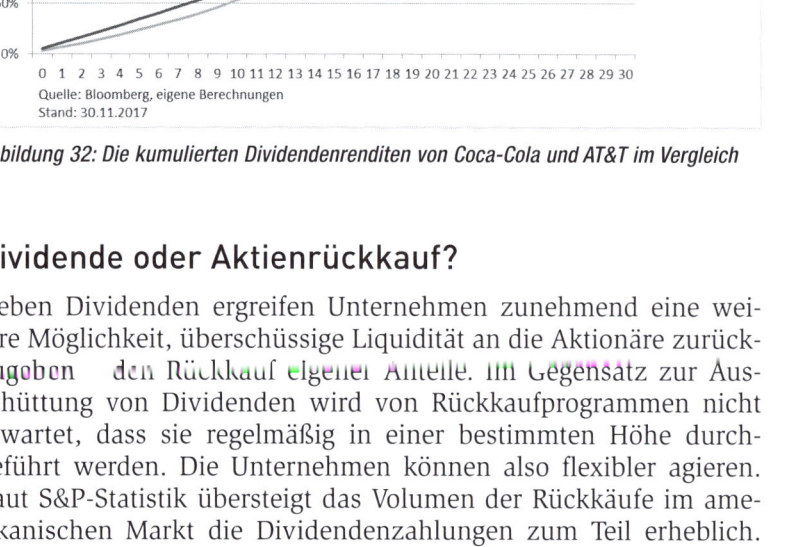

*Abbildung 32: Die kumulierten Dividendenrenditen von Coca-Cola und AT&T im Vergleich*

## Dividende oder Aktienrückkauf?

Neben Dividenden ergreifen Unternehmen zunehmend eine weitere Möglichkeit, überschüssige Liquidität an die Aktionäre zurückzugeben – den Rückkauf eigener Anteile. Im Gegensatz zur Ausschüttung von Dividenden wird von Rückkaufprogrammen nicht erwartet, dass sie regelmäßig in einer bestimmten Höhe durchgeführt werden. Die Unternehmen können also flexibler agieren. Laut S&P-Statistik übersteigt das Volumen der Rückkäufe im amerikanischen Markt die Dividendenzahlungen zum Teil erheblich. Man erkennt das prozyklische Verhalten: Die Verbesserung der konjunkturellen Lage geht mit rasch steigenden Rückkaufsvolumina einher. Das Volumen solcher Rückkäufe zeigt Abbildung 33 für die 100 Unternehmen aus dem S&P 500 mit dem höchsten Auszahlungsratio. Demnach hatten die Aktienrückkäufe im zweiten

Quartal 2017 mit 120 Mrd. USD ein größeres Volumen als die Dividendenausschüttungen mit rund 104 Mrd. USD.

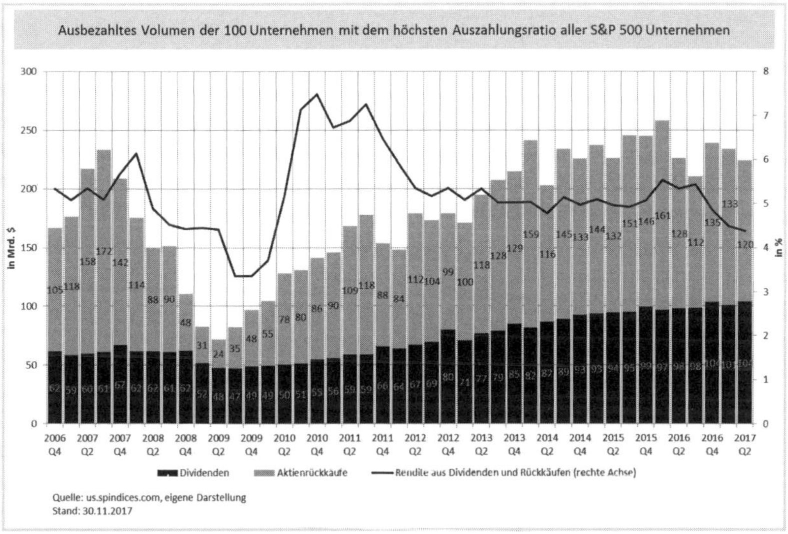

*Abbildung 33: Volumen der 100 Unternehmen mit dem höchsten Auszahlungsratio aller S&P-500-Unternehmen, Quelle: us.spindices.com, eigene Darstellung*

Aktienrückkäufe werden oft als Signal interpretiert, dass das Management die Aktien des eigenen Unternehmens für günstig oder unterbewertet hält. Empirische Studien belegen, dass der Aktienkurs bereits bei der Ankündigung eines Aktienrückkaufs steigt. Die Gesamtperformance der US-Standardwerte, die Buybacks in hohem Maße betreiben, ist eindrucksvoll. Seit Anfang 1994 hätte ein Aktienkorb aus diesen Unternehmen bis 30. November 2017 gut 2.200 % oder annualisiert 13,8 % an Gesamtrendite gebracht. Die Kursschwankungen waren mit dem Gesamtmarkt vergleichbar. Allerdings haben Aktienrückkäufe – außer dass sie eine indirekte Form der Ausschüttung sind – mit einer stabilen Dividendenpolitik nicht viel gemeinsam. Idealerweise weisen auch Rückkäufe auf eine

starke finanzielle Position des zahlenden Unternehmens hin. Doch haben sie oftmals ganz andere Gründe als die reguläre Ausschüttungspolitik. Immer beliebter werden Aktienrückkäufe, um die eigenen Aktien als Zahlungsmittel bei Übernahmen einzusetzen. Das aktuelle Niedrigzinsumfeld verleitet zudem dazu, Aktien auf Kredit zurückzukaufen, um die extrem günstigen Anleihekonditionen zu nutzen und auf diese Weise den Aktienkurs zu stützen und den Hebel aufs eingesetzte Eigenkapital zu erhöhen.

Ausmaß und Signalwirkung der Aktienrückkäufe machen es durchaus sinnvoll, diese als weiteren Bestandteil einer Cashflow-Investing-Strategie anzusehen. Bei der Aktienauswahl gilt es jedoch zu klären, welche Ziele dabei verfolgt werden. Denn nach Aktienrückkäufen können sich vielbeachtete Kennzahlen wie Gewinn pro Aktie – nun auf weniger Stück verteilt – »wie von Zauberhand« verbessern, ohne dass sich zugleich an der fundamentalen Situation des Unternehmens etwas ändern würde. Bei zu unvorsichtiger Liquiditätsabschöpfung kann ein Aktienrückkauf sogar zu einer deutlichen Verschlechterung führen, wenn das Unternehmen bald wieder Liquidität benötigt und sich dann zu schlechteren Konditionen refinanzieren muss.

Nach der Lockerung der gesetzlichen Vorgaben Ende der 1990er-Jahre werden Aktienrückkäufe auch von deutschen Unternehmen zunehmend betrieben. Laut Doelder Stiftung lassen sich fast alle börsennotierten Gesellschaften auf Hauptversammlungen der Aktionäre eine Ermächtigung zum Rückkauf eigener Anteile geben. Tatsächlich getätigt werden Rückkäufe überwiegend von DAX-Konzernen. Die gesetzliche Grenze von maximal 10 % des Grundkapitals beschränkt jedoch Rückkaufsprogramme hierzulande, anders als in den USA. Abbildung 34 zeigt die deutlich erhöhte Gesamtentwicklung des S&P 500 Buyback im Vergleich zum S&P 500.

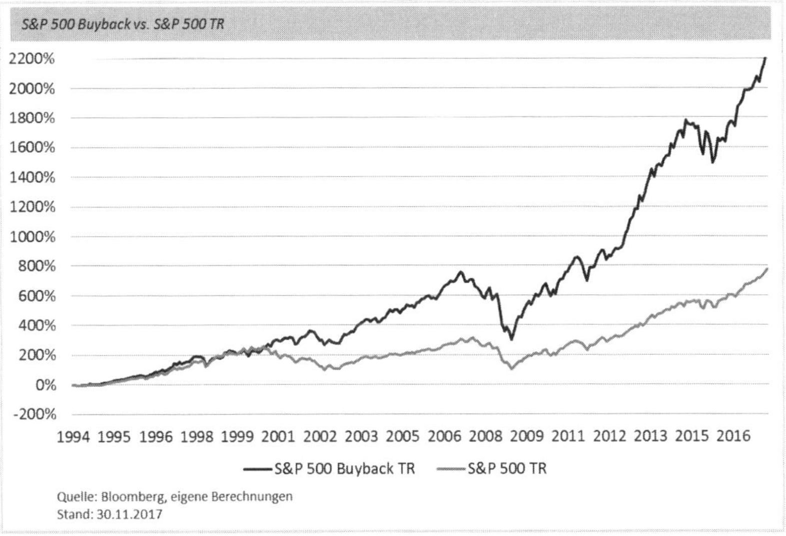

*Abbildung 34: Gesamtentwicklung des S&P 500 Buyback im Vergleich zum S&P 500*

## Technische Aspekte

Zu den Dividenden gehören eine Reihe von technischen Aspekten, die wichtig sind und die wir im Folgenden erläutern.

**Wie oft wird Dividende ausgeschüttet?** In Deutschland ist ein jährlicher Turnus üblich, in den USA ein quartalsweiser. Allerdings gibt es auch Gesellschaften, die monatlich oder halbjährlich ausschütten.

**Wie hoch ist die Dividende?** Ob eine Dividende ausgeschüttet wird und in welcher Höhe, das wird in Deutschland vom Vorstand vorgeschlagen und von der Hauptversammlung mit einfacher Mehrheit beschlossen. Obwohl jedes Mal neu über die Dividende entschieden wird, haben aber viele Gesellschaften eine Dividendenphilosophie, der sie seit Jahren oder gar Jahrzehnten folgen.

**Wer hat Anspruch auf eine Dividende?** Anspruch auf eine Dividende hat, wer die entsprechende Aktie zu einem bestimmten Stichtag in seinem Depot hat. In Deutschland ist das der Tag vor der Dividendenzahlung, der Tag vor dem Ex-Tag. In den USA ist das der Tag, auf den das »record date« fällt.

**Wann wird Dividende gezahlt?** Die Dividende wird in Deutschland am sogenannten Ex-Tag bezahlt, dies ist meist der Tag nach der Hauptversammlung. Am Ex-Tag erfolgt üblicherweise ein Abschlag vom Börsenkurs in Höhe der Bruttodividende. Man spricht vom »Dividendenabschlag« oder davon, dass die Dividende aus dem Kurs »herausgerechnet« wird. Der Aktionär wird an diesem Tag also nicht reicher, er bekommt lediglich seinen »Gewinnanteil« auf sein Konto überwiesen. Vom Dividendenbetrag wird in Deutschland die Abgeltungssteuer abgezogen, bei ausländischen Aktien kann eine Quellensteuer anfallen, die aber je nach Land ganz oder zum Teil mit der Abgeltungssteuer verrechnet wird. Mehr dazu im Abschnitt steuerliche Aspekte.

In den USA entscheidet das Board of Directors über die Dividende. Der Tag der Bekanntgabe der Dividende nennt sich dann »declaration date«. Dann folgt das »ex-date«. Ab diesem Tag wird die Aktie ohne Anspruch auf Dividende gehandelt. Wer also am oder nach dem Ex-date kauft, der geht leer aus. Zwei Tage später folgt das »date of record«, an dem die Gesellschaft in ihren Büchern schaut, wer eine Dividende erhält. Die zwei Arbeitstage Unterschied kommen zustande, weil es drei Arbeitstage dauert, bis ein Kauf verbucht ist. Wer also einen Tag vor dem »ex-date« kauft, ist noch in den Büchern, wer am »ex-date« oder danach kauft, nicht. Schließlich folgt das »date of payment«: der Tag, an dem dann tatsächlich gezahlt wird. Dieser liegt regelmäßig einige Tage nach dem »date of record«, damit die Gesellschaft Zeit hat, die Zahlung vorzubereiten.

Auf der folgenden Seite haben wir das am Beispiel Exxon Mobil illustriert.

## Beispiel Exxon Mobil

cash-amount: 0,77 USD
declaration date: 25.10.2017
Ex-date: 10.11.2017
date of record: 13.11.2017
date of payment: 11.12.2017

# 5 Das Anlageuniversum

*Do you know the only thing that gives me pleasure?
It's to see my dividends coming in.*

*John D. Rockefeller (1839 – 1937, amerikanischer
Industrieller und Philanthrop, Gründer der
Standard Oil Company)*

Während in den Vereinigten Staaten viele börsennotierte Unternehmen bereits auf eine lange Dividendenhistorie zurückblicken können und sich infolge dessen auch eine Community dividendenorientierter Investoren herausgebildet hat, fristet diese Art des Anlegens im sparbuch-, fest- und termingeldorientierten Deutschland zu Unrecht ein Schattendasein. Es gibt einen Index von Aktien, deren Dividende seit zehn Jahren jedes Jahr gestiegen ist, aber dieser enthält nur 43 Werte. Und unter diesen finden sich aus Deutschland nur Fresenius und Fresenius Medical Care (FMC). Fresenius weist eine Dividendenrendite von 1,1 % pro Jahr auf, FMC 1,5 %. Diese beiden Werte entsprechen nicht exakt den Unternehmen, nach denen wir suchen. Wir haben ja im Abschnitt »Dividendenhöhe oder Dividendendynamik?« gesehen, dass es lange dauert, eine tiefe Dividendenrendite durch entsprechende Steigerung bereits geleisteter höherer Zahlungen vergleichbarer Unternehmen wettzumachen.

Die Aktien, mit denen wir uns näher befassen wollen, sollten eine Dividendenrendite von mindesten 2,5 % aufweisen. Damit die Aktien auch gehandelt werden können, setzen wir einen sogenannten Freefloat von mindestens 250 Mio. EUR voraus. Der Freefloat ist der Anteil der Aktien, die tatsächlich frei gehandelt werden können. Der Nachteil einer zu geringen frei gehandelten Marktkapitalisierung liegt in den damit verbundenen geringen Umsätzen an der

Börse. Es gibt nur wenige Käufer bzw. Verkäufer, sodass der Einkaufspreis eines Aktionärs tendenziell höher und der erzielte Verkaufspreis niedriger ist als in einem liquiden Markt. An einigen Tagen findet vielleicht überhaupt kein Handel statt, und als Anleger kann man dann keine Position aufbauen oder bleibt auf seinen Papieren sitzen, falls man sie verkaufen will.

---

**Beispiel Audi AG**

Die Audi AG hat 43 Mio. Aktien ausgegeben und besitzt damit eine Marktkapitalisierung von ca. 31,6 Mrd. EUR. Allerdings wird ein Großteil dieser Aktien von Volkswagen gehalten und kann deswegen gar nicht frei gehandelt werden. Der Freefloat beläuft sich nur auf 194.000 Aktien. Das ergibt bei einem Kurs von 735 EUR zum 28. Dezember 2017 eine Freefloat-Marktkapitalisierung von knapp unter 143 Mio. EUR. Damit fällt die Audi AG zu diesem Zeitpunkt nicht in unser Universum, obwohl die gesamte Marktkapitalisierung viel höher ist.

---

Darüber hinaus haben wir die Werte weiter eingeschränkt. Das Unternehmen muss in den vergangenen zehn Jahren Gewinn und Umsatz gesteigert haben, und es muss aktuell einen positiven Jahresüberschuss ausweisen.

## 5.1 USA

Interessante US-Unternehmen bezahlen seit mindestens zehn Jahren ununterbrochen eine jährlich steigende Dividende. Tabelle 20 zeigt die US-amerikanischen Dividendenkönige ab 5 Mrd. USD Marktkapitalisierung.

| | Name | Land | Währung | Marktkapitalisierung Mio. EUR | Kontinuierliche Dividendensteigerung in Jahren | Dividendenfrequenz | Erwartete Dividendenrendite |
|---|---|---|---|---|---|---|---|
| 1 | Johnson & Johnson | US | US Dollar | 322.319 | 55 | quartalsweise | 2,37 |
| 2 | Exxon Mobil Corp | US | US Dollar | 297.623 | 35 | quartalsweise | 3,71 |
| 3 | Wal-Mart Stores Inc | US | US Dollar | 248.721 | 44 | quartalsweise | 2,06 |
| 4 | AT&T Inc | US | US Dollar | 200.866 | 33 | quartalsweise | 5,17 |
| 5 | Procter & Gamble Co/The | US | US Dollar | 196.832 | 61 | quartalsweise | 3,01 |
| 6 | Chevron Corp | US | US Dollar | 192.743 | 30 | quartalsweise | 3,60 |
| 7 | Coca-Cola Co/The | US | US Dollar | 165.847 | 55 | quartalsweise | 3,22 |
| 8 | PepsiCo Inc | US | US Dollar | 142.642 | 45 | quartalsweise | 2,72 |
| 9 | 3M Co | US | US Dollar | 120.556 | 59 | quartalsweise | 1,97 |
| 10 | Altria Group Inc | US | US Dollar | 119.072 | 48 | quartalsweise | 3,58 |
| 11 | McDonald's Corp | US | US Dollar | 117.398 | 42 | quartalsweise | 2,32 |
| 12 | Medtronic PLC | IR | US Dollar | 95.788 | 40 | quartalsweise | 2,20 |
| 13 | Lowe's Cos Inc | US | US Dollar | 61.519 | 55 | quartalsweise | 1,87 |
| 14 | Walgreens Boots Alliance Inc | US | US Dollar | 61.069 | 42 | quartalsweise | 2,20 |
| 15 | Colgate-Palmolive Co | US | US Dollar | 55.779 | 54 | quartalsweise | 2,13 |
| 16 | General Dynamics Corp | US | US Dollar | 50.223 | 26 | quartalsweise | 1,69 |
| 17 | Illinois Tool Works Inc | US | US Dollar | 48.290 | 43 | quartalsweise | 1,87 |
| 18 | Automatic Data Processing Inc | US | US Dollar | 44.514 | 43 | quartalsweise | 2,13 |
| 19 | Emerson Electric Co | US | US Dollar | 37.073 | 61 | quartalsweise | 2,84 |
| 20 | Kimberly-Clark Corp | US | US Dollar | 35.829 | 45 | quartalsweise | 3,22 |
| 21 | Air Products & Chemicals Inc | US | US Dollar | 30.104 | 35 | quartalsweise | 2,34 |
| 22 | Target Corp | US | US Dollar | 29.548 | 50 | quartalsweise | 3,86 |
| 23 | Aflac Inc | US | US Dollar | 29.375 | 35 | quartalsweise | 2,04 |
| 24 | Sysco Corp | US | US Dollar | 27.275 | 48 | quartalsweise | 2,33 |
| 25 | PPG Industries Inc | US | US Dollar | 25.030 | 46 | quartalsweise | 1,55 |
| 26 | VF Corp | US | US Dollar | 24.875 | 45 | quartalsweise | 2,47 |
| 27 | Consolidated Edison Inc | US | US Dollar | 22.881 | 43 | quartalsweise | 3,17 |
| 28 | Stanley Black & Decker Inc | US | US Dollar | 21.750 | 50 | quartalsweise | 1,50 |
| 29 | T Rowe Price Group Inc | US | US Dollar | 21.253 | 31 | quartalsweise | 2,20 |
| 30 | Franklin Resources Inc | US | US Dollar | 20.616 | 37 | quartalsweise | 2,09 |
| 31 | Archer-Daniels-Midland Co | US | US Dollar | 19.110 | 42 | quartalsweise | 3,17 |
| 32 | Nucor Corp | US | US Dollar | 16.700 | 44 | quartalsweise | 2,45 |
| 33 | Hormel Foods Corp | US | US Dollar | 16.562 | 52 | quartalsweise | 2,02 |
| 34 | Clorox Co/The | US | US Dollar | 16.178 | 40 | quartalsweise | 2,27 |
| 35 | Dover Corp | US | US Dollar | 13.062 | 62 | quartalsweise | 1,90 |
| 36 | Genuine Parts Co | US | US Dollar | 11.597 | 61 | quartalsweise | 2,89 |
| 37 | McCormick & Co Inc/MD | US | US Dollar | 11.303 | 32 | quartalsweise | 2,04 |
| 38 | WW Grainger Inc | US | US Dollar | 11.075 | 46 | quartalsweise | 2,23 |
| 39 | Pentair PLC | GB | US Dollar | 10.612 | 41 | quartalsweise | 2,03 |
| 40 | Cincinnati Financial Corp | US | US Dollar | 10.309 | 57 | quartalsweise | 2,69 |

Tabelle 20: US-amerikanische Dividendenkönige ab 5 Mrd. USD Marktkapitalisierung

Eine ausführliche Liste finden Sie unter www.cashflow-investing.de.

Natürlich gibt es auch interessante Dividendenaktien unter den weniger großen US-Unternehmen. In der folgenden Tabelle 21 sind daher die US-amerikanischen Dividendenkönige unter 10 Mrd. USD Marktkapitalisierung aufgelistet.

| | Name | Land | Währung | Marktkapi-talisierung Mio. EUR | Kontinuierliche Dividenden-steigerung in Jahren | Dividenden-frequenz | Erwartete Dividenden-rendite |
|---|---|---|---|---|---|---|---|
| 41 | Atmos Energy Corp | US | US Dollar | 8.274 | 34 | quartalsweise | 2,20 |
| 42 | Federal Realty Investment Trus | US | US Dollar | 8.203 | 50 | quartalsweise | 2,99 |
| 43 | UGI Corp | US | US Dollar | 6.912 | 30 | quartalsweise | 2,12 |
| 44 | RPM International Inc | US | US Dollar | 5.951 | 44 | quartalsweise | 2,43 |
| 45 | Eaton Vance Corp | US | US Dollar | 5.717 | 37 | quartalsweise | 2,18 |
| 46 | Aqua America Inc | US | US Dollar | 5.717 | 25 | quartalsweise | 2,15 |
| 47 | National Retail Properties Inc | US | US Dollar | 5.646 | 28 | quartalsweise | 4,33 |
| 48 | People's United Financial Inc | US | US Dollar | 5.598 | 25 | quartalsweise | 3,61 |
| 49 | Helmerich & Payne Inc | US | US Dollar | 5.342 | 45 | quartalsweise | 4,82 |
| 50 | Leggett & Platt Inc | US | US Dollar | 5.268 | 46 | quartalsweise | 3,05 |
| 51 | Erie Indemnity Co | US | US Dollar | 5.239 | 27 | quartalsweise | 2,84 |
| 52 | Commerce Bancshares Inc/MO | US | US Dollar | 5.127 | 49 | quartalsweise | 1,51 |
| 53 | Vectren Corp | US | US Dollar | 4.707 | 58 | quartalsweise | 2,69 |
| 54 | Old Republic International Cor | US | US Dollar | 4.657 | 36 | quartalsweise | 3,64 |
| 55 | Sonoco Products Co | US | US Dollar | 4.562 | 35 | quartalsweise | 2,88 |
| 56 | MDU Resources Group Inc | US | US Dollar | 4.440 | 27 | quartalsweise | 2,94 |
| 57 | National Fuel Gas Co | US | US Dollar | 4.060 | 47 | quartalsweise | 2,96 |
| 58 | WGL Holdings Inc | US | US Dollar | 3.734 | 41 | quartalsweise | 2,37 |
| 59 | Bemis Co Inc | US | US Dollar | 3.636 | 34 | quartalsweise | 2,54 |
| 60 | United Bankshares Inc/WV | US | US Dollar | 3.222 | 44 | quartalsweise | 3,75 |
| 61 | Lancaster Colony Corp | US | US Dollar | 3.046 | 55 | quartalsweise | 1,83 |
| 62 | Black Hills Corp | US | US Dollar | 2.709 | 47 | quartalsweise | 3,18 |
| 63 | MSA Safety Inc | US | US Dollar | 2.600 | 46 | quartalsweise | 1,73 |
| 64 | Mercury General Corp | US | US Dollar | 2.475 | 31 | quartalsweise | 4,73 |
| 65 | Telephone & Data Systems Inc | US | US Dollar | 2.450 | 43 | quartalsweise | 2,37 |
| 66 | Community Bank System Inc | US | US Dollar | 2.362 | 25 | quartalsweise | 2,47 |

| Name | Land | Währung | Marktkapi-talisierung Mio. EUR | Kontinuierliche Dividenden-steigerung in Jahren | Dividenden-frequenz | Erwartete Dividenden-rendite |
|---|---|---|---|---|---|---|
| 67 ABM Industries Inc | US | US Dollar | 2.117 | 50 | quartalsweise | 1,82 |
| 68 MGE Energy Inc | US | US Dollar | 1.865 | 42 | quartalsweise | 2,03 |
| 69 California Water Service Group | US | US Dollar | 1.776 | 50 | quartalsweise | 1,65 |
| 70 American States Water Co | US | US Dollar | 1.732 | 63 | quartalsweise | 1,83 |
| 71 Brady Corp | US | US Dollar | 1.702 | 32 | quartalsweise | 2,13 |
| 72 Northwest Natural Gas Co | US | US Dollar | 1.523 | 62 | quartalsweise | 3,02 |
| 73 Westamerica Bancorporation | US | US Dollar | 1.368 | 26 | quartalsweise | 2,61 |
| 74 Universal Corp/VA | US | US Dollar | 1.145 | 47 | quartalsweise | 4,08 |
| 75 1st Source Corp | US | US Dollar | 1.098 | 30 | quartalsweise | 1,60 |
| 76 Tompkins Financial Corp | US | US Dollar | 1.084 | 31 | quartalsweise | 2,23 |

*Tabelle 21: US-amerikanische Dividendenkönige unter 10 Mrd. USD*

Der Champion unter den Champions war lange Zeit das Unternehmen Diebold, das über 60 Jahre seine Dividende jedes Jahr steigerte.
Diebold, Incorporated (NYSE: DBD) ist ein Hersteller von Hard- und
Softwaresystemen für Selbstbedienungsautomaten. Unter anderem
stellt ein Tochterunternehmen zum Beispiel Wahlautomaten her, die
in den Vereinigten Staaten 2004 bei der Präsidentenwahl zum Einsatz kamen. Das Hauptgeschäft ist der Vertrieb und Support von
ebendiesen Komponenten. Das Unternehmen wurde im US-Bundes-
staat Ohio im August 1876 gegründet. Leider musste das Unternehmen seine Dividende Ende 2016 massiv senken. Der neue Langzeit-
champion ist nun American States Water Co. – ein kalifornisches
Versorgungsunternehmen.

## 5.2 Europa

Interessante Dividendenaktien in Europa stammen von Unternehmen, die seit mindestens zehn Jahren ununterbrochen eine Dividende ausschütten. In diesem Zeitraum darf die Dividendenhöhe
nicht gesenkt worden sein.

Tabelle 22 zeigt zunächst die kontinentaleuropäischen Dividenden-könige.

| | Name | Land | Währung | Marktkapi-talisierung Mio. EUR | Dividenden-zahlungen ohne Senkungen in Jahren | Dividenden-frequenz | Erwartete Dividenden-rendite |
|---|---|---|---|---|---|---|---|
| 1 | Ackermans & van Haaren NV | BE | Euro | 5.025 | 14 | jährlich | 1,36 |
| 2 | adidas AG | GE | Euro | 36.163 | 4 | jährlich | 1,16 |
| 3 | Air Liquide SA | FR | Euro | 46.361 | 30 | jährlich | 2,18 |
| 4 | Allianz SE | GE | Euro | 89.332 | 5 | jährlich | 3,80 |
| 5 | Anheuser-Busch InBev SA/NV | BE | Euro | 192.595 | 14 | halbjährlich | 3,77 |
| 6 | AXA SA | FR | Euro | 62.348 | 5 | jährlich | 4,55 |
| 7 | Axel Springer SE | GE | Euro | 7.221 | 6 | jährlich | 2,84 |
| 8 | BASF SE | GE | Euro | 87.329 | 4 | jährlich | 3,16 |
| 9 | Bayer AG | GE | Euro | 89.062 | 10 | jährlich | 2,51 |
| 10 | Bayerische Motoren Werke AG | GE | Euro | 56.660 | 5 | jährlich | 4,01 |
| 11 | Beiersdorf AG | GE | Euro | 25.452 | 12 | jährlich | 0,69 |
| 12 | Casino Guichard Perrachon SA | FR | Euro | 5.487 | 15 | halbjährlich | 6,31 |
| 13 | Colruyt SA | BE | Euro | 6.473 | 11 | jährlich | 2,73 |
| 14 | D'ieteren SA/NV | BE | Euro | 2.079 | 9 | jährlich | 2,53 |
| 15 | Danone SA | FR | Euro | 47.989 | 14 | jährlich | 2,38 |
| 16 | Koninklijke DSM NV | NE | Euro | 14.819 | 4 | halbjährlich | 2,18 |
| 17 | EDP - Energias de Portugal SA | PO | Euro | 10.684 | 11 | jährlich | 6,50 |
| 18 | Elia System Operator SA/NV | BE | Euro | 2.941 | 9 | jährlich | 3,27 |
| 19 | Enagas SA | SP | Euro | 5.787 | 11 | halbjährlich | 5,85 |
| 20 | Essilor International Cie Gene | FR | Euro | 25.075 | 11 | jährlich | 1,31 |
| 23 | Fresenius Medical Care AG & Co | GE | Euro | 27.129 | 17 | jährlich | 1,09 |
| 24 | FUCHS PETROLUB SE | GE | Euro | 5.992 | 12 | jährlich | 2,14 |
| 25 | Glanbia PLC | IR | Euro | 4.500 | 4 | halbjährlich | 0,91 |
| 26 | Groupe Bruxelles Lambert SA | BE | Euro | 14.714 | 10 | jährlich | 3,21 |
| 27 | Henkel AG & Co KGaA | GE | Euro | 46.848 | 12 | jährlich | 1,43 |
| 28 | Hermes International | FR | Euro | 47.121 | 15 | halbjährlich | 0,84 |
| 29 | Home Invest Belgium | BE | Euro | 297 | 13 | halbjährlich | 4,72 |
| 30 | Industria de Diseno Textil SA | SP | Euro | 93.016 | 4 | halbjährlich | 1,68 |
| 31 | Kerry Group PLC | IR | Euro | 16.630 | 14 | halbjährlich | 0,61 |
| 32 | Kinepolis Group NV | BE | Euro | 1.523 | 10 | jährlich | 1,56 |

| | Name | Land | Währung | Marktkapi-talisierung Mio. EUR | Dividenden-zahlungen ohne Senkungen in Jahren | Dividenden-frequenz | Erwartete Dividenden-rendite |
|---|---|---|---|---|---|---|---|
| 3 | Kone OYJ | FI | Euro | 23.601 | 8 | jährlich | 3,46 |
| 5 | Koninklijke Philips NV | NE | Euro | 31.243 | 10 | jährlich | 2,41 |
| 6 | L'Oreal SA | FR | Euro | 106.425 | 14 | jährlich | 1,74 |
| 7 | Legrand SA | FR | Euro | 17.082 | 8 | jährlich | 1,24 |
| 8 | Linde AG | GE | Euro | 35.769 | 13 | jährlich | 2,04 |
| 9 | Lotus Bakeries | BE | Euro | 1.718 | 12 | jährlich | 0,77 |
| 0 | LVMH Moet Hennessy Louis Vuitt | FR | Euro | 128.447 | 11 | halbjährlich | 1,66 |
| 1 | Cie Generale des Etablissement | FR | Euro | 21.990 | 5 | jährlich | 2,65 |
| 2 | Muenchener Rueckversicherungs- | GE | Euro | 29.083 | 34 | jährlich | 4,58 |
| 4 | Pernod Ricard SA | FR | Euro | 34.929 | 5 | halbjährlich | 1,53 |
| 5 | Recordati SpA | IT | Euro | 7.859 | 9 | halbjährlich | 2,05 |
| 6 | Red Electrica Corp SA | SP | Euro | 10.183 | 14 | halbjährlich | 4,65 |
| 7 | RELX NV | GB | Euro | 40.442 | 8 | halbjährlich | 2,24 |
| 8 | Royal Dutch Shell PLC | NE | Euro | 227.648 | 8 | quartalsweise | 6,03 |
| 0 | Sanofi | FR | Euro | 92.954 | 14 | jährlich | 4,02 |
| 1 | SCOR SE | FR | Euro | 6.661 | 6 | jährlich | 4,79 |
| 2 | Siemens AG | GE | Euro | 101.703 | 14 | jährlich | 3,09 |
| 3 | Sodexo SA | FR | Euro | 17.210 | 11 | jährlich | 2,41 |
| 4 | Sofina SA | BE | Euro | 4.552 | 10 | jährlich | 1,93 |
| 5 | Software AG | GE | Euro | 3.634 | 9 | jährlich | 1,26 |
| 6 | Solvay SA | BE | Euro | 12.382 | 20 | halbjährlich | 3,00 |
| U | TER Beke SA | BE | Euro | 303 | 12 | jährlich | 1,99 |
| 9 | Texaf SA | BE | Euro | 108 | 7 | jährlich | 2,26 |
| 0 | TOTAL SA | FR | Euro | 116.996 | 14 | quartalsweise | 5,36 |
| 1 | UCB SA | BE | Euro | 12.886 | 14 | jährlich | 1,74 |
| 2 | Unibail-Rodamco SE | FR | Euro | 21.711 | 9 | halbjährlich | 4,69 |
| 3 | Unilever NV | GB | Euro | 141.993 | 14 | quartalsweise | 2,87 |
| 4 | Wereldhave Belgium NV | BE | Euro | 677 | 14 | jährlich | 5,23 |
| 5 | Wolters Kluwer NV | NE | Euro | 12.832 | 8 | halbjährlich | 1,81 |

Tabelle 22: Die kontinentaleuropäischen Dividendenkönige, Quelle: Bloomberg, eigene Berechnungen, Stand: 19.12.2017

Auch in Großbritannien gibt es Dividendenaristokraten, wie Tabelle 23 zeigt.

| | Name | Land | Währung | Marktkapi-talisierung Mio. EUR | Kontinuierliche Dividenden-steigerung in Jahren | Dividenden-frequenz | Erwartete Dividenden rendite |
|---|---|---|---|---|---|---|---|
| 1 | Caledonia Investments PLC/fund | GB | British Pence | 1.690 | 40 | halbjährlich | 2,04 |
| 2 | City of London Investment Trust | GB | British Pence | 1.695 | 35 | quartalsweise | 3,95 |
| 3 | Diageo PLC | GB | British Pence | 75.200 | 29 | halbjährlich | 2,33 |
| 4 | PZ Cussons PLC | GB | British Pence | 1.518 | 29 | halbjährlich | 2,64 |
| 5 | Spirax-Sarco Engineering PLC | GB | British Pence | 4.582 | 29 | halbjährlich | 1,43 |
| 6 | Cranswick PLC | GB | British Pence | 1.910 | 28 | halbjährlich | 1,39 |
| 7 | Rotork PLC | GB | British Pence | 2.598 | 28 | halbjährlich | 1,97 |
| 8 | Spectris PLC | GB | British Pence | 3.311 | 27 | halbjährlich | 2,16 |
| 9 | Young & Co's Brewery PLC | GB | British Pence | 700 | 27 | halbjährlich | 1,39 |
| 10 | National Grid PLC | GB | British Pence | 33.455 | 25 | halbjährlich | 5,09 |
| 11 | WPP PLC | GB | British Pence | 19.307 | 25 | halbjährlich | 4,44 |
| 12 | Croda International PLC | GB | British Pence | 6.464 | 25 | halbjährlich | 1,75 |
| 13 | Derwent London PLC | GB | British Pence | 3.866 | 25 | halbjährlich | 1,82 |
| 14 | RPC Group PLC | GB | British Pence | 4.027 | 24 | halbjährlich | 2,96 |
| 15 | Bunzl PLC | GB | British Pence | 7.842 | 24 | halbjährlich | 2,08 |
| 16 | Halma PLC | GB | British Pence | 5.396 | 24 | halbjährlich | 1,12 |
| 17 | Vodafone Group PLC | GB | British Pence | 69.936 | 22 | halbjährlich | 5,60 |
| 18 | James Fisher & Sons PLC | GB | British Pence | 899 | 22 | halbjährlich | 1,70 |
| 19 | J Smart & Co Contractors PLC | GB | British Pence | 54 | 22 | halbjährlich | 2,90 |
| 20 | Ultra Electronics Holdings PLC | GB | British Pence | 1.162 | 21 | halbjährlich | 3,64 |
| 21 | Highcroft Investments PLC | GB | British Pence | 52 | 20 | halbjährlich | 4,76 |
| 22 | Mears Group PLC | GB | British Pence | 457 | 20 | halbjährlich | 3,03 |
| 23 | Dewhurst PLC | GB | British Pence | 57 | 20 | halbjährlich | 1,63 |
| 24 | Bankers Investment Trust PLC/T | GB | British Pence | 1.210 | 20 | quartalsweise | 2,11 |
| 25 | British American Tobacco PLC | GB | British Pence | 128.500 | 18 | halbjährlich | 2,02 |
| 26 | A.G. Barr PLC | GB | British Pence | 853 | 18 | halbjährlich | 2,23 |
| 27 | Bloomsbury Publishing PLC | GB | British Pence | 159 | 17 | halbjährlich | 3,60 |

| Name | Land | Währung | Marktkapi-talisierung Mio. EUR | Kontinuierliche Dividenden-steigerung in Jahren | Dividenden-frequenz | Erwartete Dividenden-rendite |
|---|---|---|---|---|---|---|
| Invesco Income Growth Trust PL | GB | British Pence | 194 | 17 | quartalsweise | 3,71 |
| Diploma PLC | GB | British Pence | 1.580 | 17 | halbjährlich | 1,86 |
| SSE PLC | GB | British Pence | 15.083 | 17 | halbjährlich | 7,01 |
| Domino's Pizza Group PLC | GB | British Pence | 1.877 | 17 | halbjährlich | 2,42 |
| Primary Health Properties PLC | GB | British Pence | 800 | 17 | quartalsweise | 4,53 |
| Personal Group Holdings PLC | GB | British Pence | 165 | 17 | quartalsweise | 4,78 |
| Victrex PLC | GB | British Pence | 2.560 | 16 | halbjährlich | 2,04 |
| Compass Group PLC | GB | British Pence | 27.832 | 16 | halbjährlich | 2,15 |
| RPS Group PLC | GB | British Pence | 669 | 16 | halbjährlich | 3,75 |
| Genus PLC | GB | British Pence | 1.750 | 16 | halbjährlich | 0,94 |
| Beazley PLC | GB | British Pence | 2.917 | 15 | halbjährlich | 2,18 |
| Pennon Group PLC | GB | British Pence | 3.751 | 15 | halbjährlich | 4,66 |
| Intertek Group PLC | GB | British Pence | 9.300 | 14 | halbjährlich | 1,30 |
| Dechra Pharmaceuticals PLC | GB | British Pence | 2.160 | 14 | halbjährlich | 1,05 |
| Henderson EuroTrust PLC | GB | British Pence | 288 | 14 | halbjährlich | 2,07 |
| Shire PLC | US | British Pence | 39.449 | 13 | halbjährlich | 0,64 |
| RWS Holdings PLC | GB | British Pence | 1.357 | 13 | halbjährlich | 1,48 |
| Hill & Smith Holdings PLC | GB | British Pence | 1.174 | 13 | halbjährlich | 2,07 |
| Chesnara PLC | GB | British Pence | 659 | 13 | halbjährlich | 5,06 |
| First Derivatives PLC | GB | British Pence | 1.144 | 13 | halbjährlich | 0,53 |
| Henderson Smaller Companies In | GB | British Pence | 729 | 13 | halbjährlich | 2,08 |
| BAE Systems PLC | GB | British Pence | 20.301 | 13 | halbjährlich | 3,82 |
| Prudential PLC | GB | British Pence | 55.006 | 13 | halbjährlich | 2,40 |

*Tabelle 23: Die englischen Dividendenkönige, Quelle: Bloomberg, eigene Berechnungen,
Stand: 19.12.2017*

## 5.3 Weitere Ideenquellen

*Die beste Methode, eine gute Idee zu bekommen, ist,*
*viele Ideen zu haben!*

*Linus Pauling (1904 – 1994, US-amerikanischer*
*Nobelpreisträger für Chemie*

Wem die Ideen aus dem bereits geschilderten Anlageuniversum nicht ausreichen, der findet über das Internet und die Medien eine Vielzahl an Möglichkeiten, um Ideen zu generieren.

Interessante Anlage-Ideen liefern die Bestandteile der Indizes, die wir im Abschnitt »Dividendenindizes« vorgestellt haben. Als Beispiel sei hier der der DivDAX genannt, dessen Zusammensetzung Tabelle 24 zeigt.

Sehr interessant ist in diesem Zusammenhang auch der S&P Dividend Aristocrats, ein Index, in dem die US-Unternehmen zusammengefasst sind, die seit mindestens 25 Jahren jedes Jahr die Dividende gesteigert haben.

Eine ähnliche Liste für US-Werte ist bei www.dripinvesting.org zu finden, wo Dave Fish eine frei zugängliche Excel-Liste für die US-Dividendenchampions führt.

Weitere interessante Anlageideen findet man in den üblichen Branchenpublikationen wie *Euro, Euro am Sonntag, Börse Online, Der Aktionär, Finanz und Wirtschaft* (Schweiz) oder der *WirtschaftsWoche*. Impulse kann man auch aus anderen finanzfremden Fachzeitschriften wie *c't* oder Ähnlichen erhalten. Dies ist kein systematischer Ansatz, sondern erhöht eher die Wahrscheinlichkeit von Zufallsfunden.

| Name | Branche |
|---|---|
| Allianz | Versicherungen |
| BASF | Chemie |
| Bayer | Chemie |
| BMW | Automobile |
| Daimler | Automobile |
| Deutsche Börse | Finanzdienstleister |
| Deutsche Lufthansa | Luftfahrt |
| Deutsche Post | Transport & Logistik |
| Deutsche Telekom | Telekommunikation |
| E.ON | Versorger |
| Linde Group | Industriegase |
| Münchener Rückversicherung | Versicherungen |
| ProSiebenSat1 Media | Medien |
| Siemens | Industrie |
| Vonovia | Immobilien |

*Tabelle 24: Zusammensetzung des DivDax, Quelle: Deutsche Börse*

# 6 Praktische Aspekte

Ein Grundgesetz der Börsen-Anlage besteht darin, dass wir bei unseren Anlageentscheidungen immer im Wettbewerb zu anderen Marktteilnehmern stehen. An der Börse kommt es zu einem Geschäft, wenn sich zum selben Preis ein Anleger von seiner Aktie trennt und ein anderer kauft. Von Sondersituationen wie Zwangskäufen und -verkäufen, Liquiditätsbedarf etc. abgesehen, bedeutet dies: Der Käufer hält seine neue Aktie für ein attraktives Investment, während der Verkäufer vom genauen Gegenteil überzeugt ist. Mit Gewinn können wir ein solches Geschäft nur abschließen, wenn wir über einen Vorteil, über einen Informationsvorsprung verfügen, den die andere Seite nicht hat oder nicht nutzen will. Wenn wir bei unseren Anlageentscheidungen einen solchen Vorteil nicht hätten, wären wir sicher besser beraten mit dem Kauf eines Indexfonds bzw. ETF.

Es gibt viele Wege, wie man sich einen solchen Vorteil verschaffen kann. Über technische Systeme wie Trendfolge oder über bestimmte Chartmuster weniger Werte, auf die sich manche Trader spezialisieren. Man kann die Unternehmen einzeln recherchieren, wie Warren Buffett es tut, oder wie wir das getan haben, man kann sie aber auch systematisch screenen, um potenzielle Investmentkandidaten zu finden. Selten wird man jedoch mit irgendwo aufgeschnappten »heißen« Aktientipps zum Erfolg gelangen. Idealerweise versteht man als Anleger die Sprache, in der der Geschäftsbericht veröffentlicht wird, recht gut. Auch die räumliche und kulturelle Nähe eines Unternehmens kann von Vorteil sein. Ein deutscher Investor wird z. B. die *BILD-Zeitung* des Axel-Springer-Verlages besser einschätzen können als ein asiatischer Fondsmanager, der sich ein Urteil allein aufgrund der Unternehmenszahlen bildet.

Je kleiner ein Unternehmen ist, desto größer ist die Rolle, die Insider spielen. Wenn ein Hedgefonds eine Position in IBM-Aktien ver-

kauft, dann wird das untergehen angesichts der vielen Millionen Aktien, die bei diesem Unternehmen täglich den Besitzer wechseln. Wenn derselbe Sachverhalt ein kleines Unternehmen wie Gerry Weber in Deutschland trifft, dann hat das ganz gewaltige Auswirkungen auf den Kurs. Und Insider gibt es viele: Rechtsanwälte, Steuerberater, Wirtschaftsprüfer, Partnerunternehmen, Lieferanten, Mitbewerber etc. Schon ein Lieferant kann vielleicht anhand der eingehenden Bestellungen und der Zahlungsmoral ganz gut abschätzen, wie es um ein Unternehmen bestellt ist.

Wie auch immer man vorgeht, es gibt keine Garantie, dass jeder einzelne ausgewählte Wert ein Gewinner sein wird. Durch eine vernünftige Auswahl der Werte, die in das persönliche Portfolio kommen, lässt sich lediglich sicherstellen, dass das »Chance-Risiko-Verhältnis« günstig ist. Man stelle sich einen undurchsichtigen Sack vor, in dem sich 100 Kugeln befinden. Diese Kugeln sind entweder grün oder rot, und jede dieser Kugeln steht für eine Aktie. Nun zieht man nacheinander zwanzig dieser Kugeln. Die Farbe bestimmt über das weitere Schicksal. Zieht man eine rote Kugel, dann hat man einen Verlierer gezogen, ist sie grün, gilt das Gegenteil. Die 20 gezogenen Kugeln stehen für das Portfolio und dessen Entwicklung. Nach einem Jahr wird wieder für ein neues Portfolio gezogen. Eine Anlagestrategie vermag in dieser Situation nur die Zusammensetzung der 100 Kugeln im Sack zu verändern. Der durchschnittliche Otto Normal-Anleger, der sein Portfolio ohne übergeordnete Strategie zusammenstellt und entsprechend dem Markt hinterherläuft, trifft auf einen Sack mit vielleicht 30 grünen und 70 roten Kugeln. Der Anleger, nennen wir ihn »Cashflow-Investor«, mit einer vernünftigen Auswahlstrategie, wie wir sie vorgestellt haben, verfügt über einen Sack mit 60, bestenfalls 70 grünen Gewinnerkugeln. In jedem einzelnen Jahr kann es nun zwar vorkommen, dass der durchschnittliche Anleger besser fährt als der »Cashflow-Investor«. Aber dies ist recht unwahrscheinlich. Über viele Jahre hinweg wird es immer unwahrscheinlicher, dass der durchschnittliche Anleger besser fährt als der »Cashflow-Investor«.

Dieses Spiel mit den Wahrscheinlichkeiten ist intuitiv schwer nachzuvollziehen. Insbesondere Ingenieure und viele Naturwissenschaftler haben Probleme mit diesem Sachverhalt, weil sie es gewohnt sind, dass Ursache A *immer* zu Wirkung B führt. An der Börse führt Ursache A aber *im Durchschnitt* zu Wirkung B. Dieses Missverständnis hat schon viel finanzielles Leid verursacht. Dadurch, dass Anleger eine sinnvolle Anlagestrategie verlassen haben, um sich einer vermeintlich besseren Strategie zuzuwenden, weil der ursprüngliche Ansatz zufällig einmal ein oder zwei Jahre lang nicht so gut funktionierte. Dabei liegt der Erfolg an der Börse insbesondere in der Disziplin. Eine gut recherchierte und gut begründete Anlagestrategie sollte man nicht verlassen. Und wenn es doch aus irgendeinem Grund zwingend notwendig ist, dann sollte das nach einem guten Jahr erfolgen! An der Börse hat zudem auch noch eine Anlagestrategie, die in einem Jahr besonders schlecht lief, im Folgejahr besonders gute Aussichten auf Erfolg und umgekehrt. Dies führt meist dazu, dass der Anleger oft in der Traufe endet, der die eine Strategie im Regen verlässt, um auf die vermeintliche Sonnenseite zu wechseln. Statt eines solchen kontraproduktiven Strategie-Hoppings wäre es sicherlich besser, gleich in ETFs zu investieren.

In seiner Studie »Value Investing: Investing for Grown-Ups?« hat der bekannte Professor Aswath Damodaran des Fachbereichs Finance der Stern School of Business an der New Yorker Universität festgestellt: Professionelle aktive Value-Investoren, die nicht systematisch, sondern diskretionär investieren, hinken im Durchschnitt hinter der Wertentwicklung von systematischen Value-Indizes hinterher.

Wenn Sie die Werte für Ihr persönliches Portfolio nicht mit einem systematischen Anlageprozess aus dem Universum auswählen, sondern aufgrund Ihrer Vorlieben oder Einzelanalysen davon abweichen und diskretionäre Entscheidungen treffen, dann geschieht das auf eigene Gefahr.

Zur besseren Orientierung stellen wir unter der gleichnamigen Überschrift einen solchen systematischen Anlageprozess beispielhaft dar.

# 6.1 Asset-Allokation/Vermögensaufteilung

In diesem Abschnitt befassen wir uns mit verschiedenen Aspekten der Frage, wie ein Vermögensstock aufzuteilen ist. Soll wirklich alles in Aktien investiert werden? Oder welche Auswirkungen hat eine Rebalancing-Strategie, die auch Anleihen miteinbezieht, auf die Gesamtentwicklung des Vermögens? Interessant ist hierbei auch das Land Japan, in dem seit mehr als einem Jahrzehnt ein Niedrigzinsumfeld besteht. Des Weiteren beleuchten wir die Frage, wie groß die Unternehmen sein sollten, in die investiert wird, und wie sich die Aufteilung über Länder und Branchen steuern lässt.

## Soll wirklich alles Geld in Aktien investiert werden?

Dieses Buch konzentriert sich auf Aktienanlagen, die einen hohen Cashflow generieren, der zurück an den Investor fließt. Deshalb stellt sich die Frage, ob es tatsächlich sinnvoll ist, das komplette Vermögen in Aktien anzulegen, oder ob es besser wäre, festverzinsliche Wertpapiere wie Staats- und Unternehmensanleihen als »Sicherheitskomponente« mit in das Portfolio aufzunehmen. Das Motto bei einem solchen Anlagemix könnte lauten: »Die Erträge kommen aus Aktien, die Sicherheit kommt aus Anleihen.«

Auf diese Frage gibt es keine pauschale Antwort. Aktien schwanken deutlich stärker im Wert als Anleihen, und es gibt auch keine Zweifel daran, dass dies in Zukunft ebenso sein wird. Allerdings haben Anleihen bester Bonität, egal ob von Unternehmen oder Staaten, heute eine so niedrige laufende Verzinsung wie in den letzten 60 Jahren nicht mehr. Das bedeutet: Ein eventueller Anleihenanteil in einem Portfolio liefert keinen nennenswerten Cashflow; von ihm ist kein Beitrag zum laufenden Lebensunterhalt zu erwarten. Die Sicherheitskomponente bleibt allerdings erhalten. Da es hierzu keine Daumenregeln und kein Patentrezept gibt, bleibt es dem Anleger überlassen, mit welcher Aufteilung er sich wohl fühlt.

Eine Überlegung im Rahmen der Gesamtvermögensstruktur ist, stets den halben Kapitalbedarf für drei Jahre in nominal sicheren Papieren vorzuhalten. Dieses Polster ist für den Fall gedacht, dass eine sehr ernsthafte und tiefe Wirtschaftskrise selbst bilanzstarke Unternehmen zwingt, ihre Dividende zu halbieren. Man könnte als Anleger in diesem Fall drei Jahre lang je zur Hälfte von den Dividenden und zur Hälfte von den Rücklagen leben, ohne in die Verlegenheit eines Zwangsverkaufes zu kommen, nur weil die liquiden Mittel nicht ausreichen. Benötigt man diese Mittel dann auf absehbare Zeit nicht mehr, können sie investiert werden.

## 50/50-Portfolio mit Rebalancing

Beim Rebalancing geht es darum, Gewinne einer Anlageklasse mitzunehmen und diese in eine andere Anlageklasse zu investieren, die bisher nicht so gut gelaufen ist. Eine einfache Strategie hierbei besteht darin, 50 % des Geldes in Aktien und 50 % des Geldes in Anleihen zu investieren. In Deutschland würde der Anleger für den Aktienteil in den DAX und für den Rententeil in den REXP investieren. Einmal im Jahr werden dann die Anlageklassen auf je 50 % rebalanciert. In Deutschland hat diese Strategie seit 1968 einen Mehrwert von 0,6 % p.a. gegenüber einem reinen Aktieninvestment eingebracht, und sie hat gleichzeitig den maximalen Verlust mehr als halbiert. Wie DAX, REXP und eine 50/50-Mischung aus beiden mit Rebalancing von 1968 bis 2016 im Vergleich zueinander abgeschnitten haben, zeigt Abbildung 35.

In Amerika hat die Rebalancing-Strategie hingegen nicht funktioniert (siehe Abbildung 36). Zwar konnte seit Anfang des letzten Jahrhunderts eine deutlich bessere Rendite erzielt werden als mit einem reinen Anleiheninvestment, aber der Aktienmarkt ließ sich damit nicht schlagen. Dieser erzielte im Durchschnitt eine Rendite von 9,7 % pro Jahr, wohingegen das Rebalancing-Portfolio eine Rendite von lediglich 7,7 % pro Jahr erzielte. Allerdings wurden auch hier die zwischenzeitlichen Rückschläge mehr als halbiert.

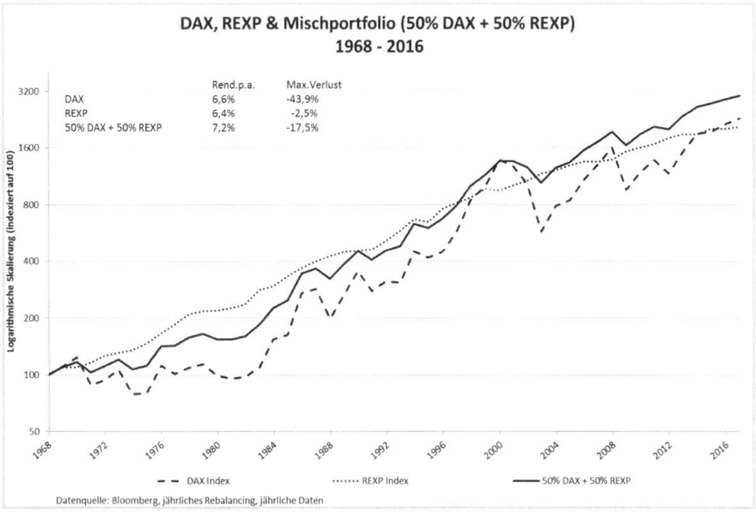

*Abbildung 35: DAX, REXP und Mischportfolio (50 % DAX + 50 % REXP) 1968 bis 2016 im Vergleich*

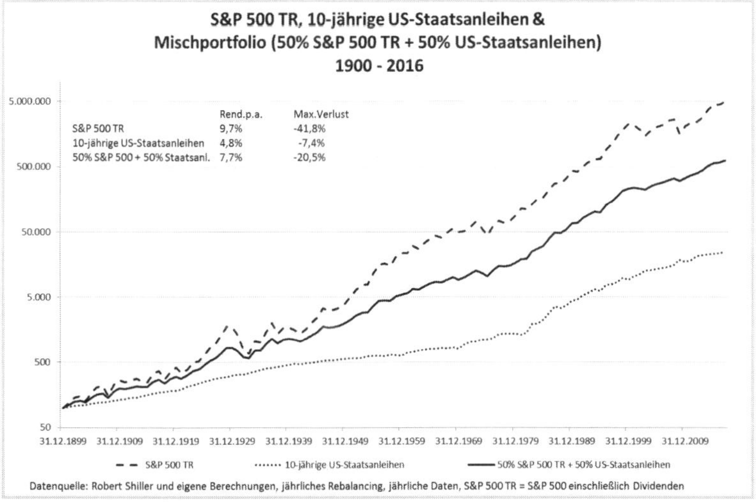

*Abbildung 36: S&P 500, zehnjährige Staatsanleihen und Mischportfolio aus beidem 1899 bis 2016 im Vergleich*

In Japan hingegen hat die Rebalancing-Strategie sehr gut funktioniert, da die Aktienmärkte dort seit 1990 stark gefallen sind, aber das 50/50-Portfolio eben nur zu 50 % in Aktien investiert war und gleichzeitig die Anleihen sehr stark gestiegen sind. Der Nikkei verlor 2,6 % pro Jahr, wohingegen das Mischportfolio mit 1,2 % pro Jahr etwas zulegen konnte.

Fazit: Ein Rebalancieren der eigenen Anlagen erscheint besonders dann sinnvoll, wenn die Märkte sehr volatil sind. Denn zum einen werden dann Gewinne mitgenommen, zum anderen werden aber auch die Verluste begrenzt. Bei stark steigenden Aktienmärkten wird man mit dieser Strategie der potenziell möglichen Wertentwicklung hinterherlaufen. Bei stark fallenden Aktienmärkten wird man hingegen einen deutlichen Mehrwert generieren.

## Schnellboot oder Ozeanriese?

Beim Aufbau des Portfolios stellt sich die Frage, ob man eher Aktien großer Unternehmen oder kleiner Unternehmen kauft.

Über sehr lange Zeiträume haben sich die Aktien kleiner Unternehmen – sogenannte Small Caps – besser entwickelt als die großer Unternehmen, die Large Caps. Allerdings gab es immer wieder Zeitabschnitte von fünf Jahren Dauer (siehe Abschnitt 1 in Abbildung 37), in denen die Aktien großer Unternehmen insgesamt deutlich besser abschneiden als die kleinerer Firmen. In diesen Phasen war das aber nicht der Größe der Unternehmen geschuldet, sondern den im Index enthaltenen Branchen. In diesem Fall lag es an den Telekomunternehmen im DAX. Wie so oft an der Börse folgt auf die Outperformance des einen Bereichs auf dem Fuße dessen Underperformance und die Outperformance eines anderen Bereichs (siehe Abschnitt 2 in Abbildung 37). Interessant wird es in Abschnitt 3 derselben Abbildung: Anscheinend können sich kleine Unternehmen zum einen besser an das herrschende Marktumfeld anpassen.

Zudem ist es offenbar von einer kleinen Basis aus leichter, mit dem richtigen Geschäftsmodell zu wachsen.

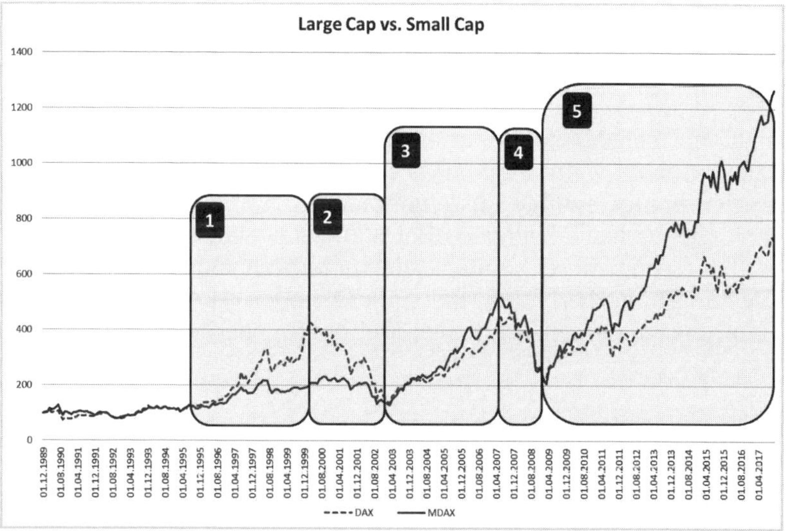

*Abbildung 37: Vergleich Large Caps versus Small Caps 1989 bis 2017*

Wo Licht ist, da ist auch Schatten, wie in Abschnitt 4 der Abbildung zu sehen. Small Caps sind in wirtschaftlich schwierigen Zeiten mit rückläufiger Konjunktur deutlich stärker gefährdet und von einer Insolvenz bedroht als große Unternehmen. Dies hängt vermutlich damit zusammen, dass große Unternehmen bezüglich ihrer Geschäftsfelder viel breiter diversifiziert sind als kleine, die oftmals nur eine ganz bestimmte Nische bedienen. Auf die Kontraktion folgt dann in Abschnitt 5 wieder die Expansion, und die kleinen Unternehmen können ihre Stärken voll ausspielen (siehe abermals Abbildung 37).

Meistens sind die Marktteilnehmer gegenüber kleinen Unternehmen auch eher skeptisch eingestellt, was zu weniger Nachfrage nach deren Aktien und damit zu einer niedrigeren Bewertung führt. Das wichtigste Argument jedoch, das für Aktien kleiner Unternehmen

spricht, ist, dass sich die Aktienanalysten auf die großen Unternehmen konzentrieren. Damit steigt die Chance deutlich, unter den kleinen Unternehmen eine unentdeckte Perle zu finden.

In der Praxis hat sich deshalb eine gesunde Streuung über verschiedene Kapitalisierungsgrößen bewährt. Eine Schiffsflotte besteht ja auch nicht nur aus Flugzeugträgern, sondern sie beinhaltet daneben große Zerstörer, mittlere Fregatten und kleine Schnellboote.

Schauen wir uns, bevor wir eine Daumenregel entwickeln, kurz die Marktkapitalisierungen in Deutschland (vergleiche Abbildung 38) und den USA (vergleiche Abbildung 39) an, um einen Eindruck davon zu bekommen, wie diese verteilt sind.

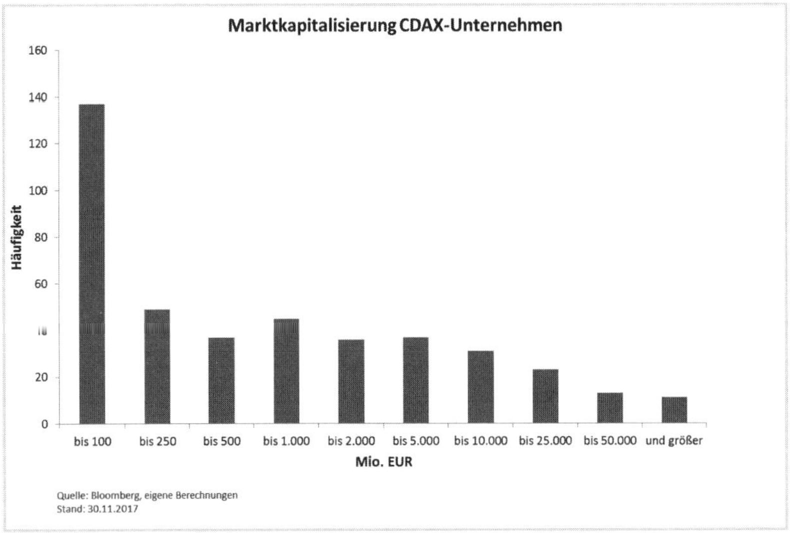

*Abbildung 38: Die Verteilung der Marktkapitalisierungen für deutsche Aktien, Quelle: Bloomberg, eigene Berechnungen, Stand 30.11.2017*

Der Composite DAX ist der umfassendste deutsche Aktienindex mit aktuell 486 Werten. Während ca. 40 % der in diesem Index geliste-

ten Aktiengesellschaften eine Marktkapitalisierung von weniger als 250 Mio. EUR aufweisen, gilt dies in den USA nur für weniger als 10 % aller im Russel 3000 gelisteten Unternehmen. Der Russel 3000 enthält rund 3000 der größten US Unternehmen.

Ein kleines Unternehmen ist in Deutschland offensichtlich etwas anderes als in den USA. Bei den großen Unternehmen ist es ähnlich. In Deutschland gibt es 17 Unternehmen mit einer Marktkapitalisierung von mehr als 25 Mrd. EUR, in den USA gibt es davon 114. Das mittlere börsengelistete Unternehmen ist in den USA mit 1 Mrd. EUR etwa zehnmal so groß wie die mittlere börsennotierte Aktiengesellschaft in Deutschland.

So sieht die Verteilung der Marktkapitalisierungen für US-Aktien aus (siehe Abbildung 39).

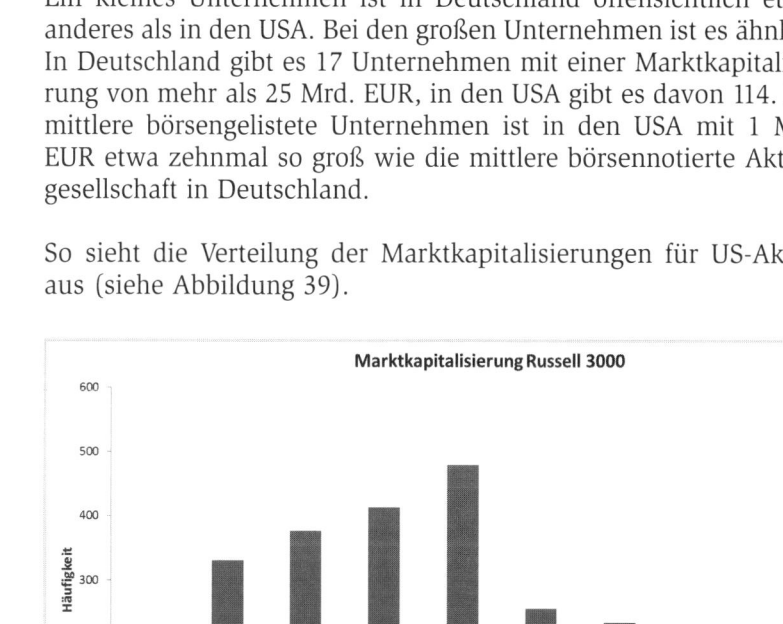

*Abbildung 39: Die Verteilung der Marktkapitalisierungen für US-Aktien, Quelle: Bloomberg, eigene Berechnungen, Stand: 30.11.2017*

Dies alles in Betracht ziehend haben wir folgende Daumenregel für die Größenordnungen entwickelt:

> Aktien aus dem deutschsprachigen Raum sollten mindesten 250 Mio. EUR Marktkapitalisierung haben.
> Aktien aus dem angelsächsischen Raum sollten einen Börsenwert von mindestens 1.000 Mio. EUR aufweisen.
> Bei Aktien aus den europäischen Ländern sollte die Marktkapitalisierung analog zu den Aktien aus dem angelsächsischen Raum nicht unter 1.000 Mio. EUR liegen.
> Aktien aller anderen Regionen sollten an der Börse sogar mindestens 5 Mrd. EUR wert sein.

Mit diesen Daumenregeln ist weitgehend sichergestellt, dass man sich als Anleger nicht in die Hände von Insidern begibt, die gerade bei niedrig kapitalisierten Werten ihr Unwesen treiben (Stichwort Pennystocks). Zu leicht würde man sonst von diesen übervorteilt und ausgenommen. Die Werte zwischen 1 und 10 Mrd. EUR Market Cap sind besonders interessant. Denn sie sind einerseits klein genug, dass sich aufgrund der wenigen vorhandenen Analysten die eigene Recherche noch lohnt und dass sie Raum zum Wachsen haben. Andererseits sind sie groß genug, um auch bei institutionellen Investoren Beachtung und Kaufinteresse zu finden.

## Europa, Amerika und der Rest der Welt

Die Welt ist groß. Mehr als 160.000 Aktien werden weltweit aktiv gehandelt. In vielen Regionen der Welt stellen Kultur- und Sprachbarrieren eine ernsthafte Herausforderung dar. Was nützt mir der schönste Geschäftsbericht, wenn ich als Anleger der Sprache nicht mächtig genug bin, um auch das zwischen den Zeilen Geschriebene zumindest ansatzweise interpretieren zu können? Was nützt eine günstige japanische Aktie, wenn ich mit den Besonderheiten der japanischen Rechnungslegung, den sogenannten Japan-GAAP, nicht vertraut bin? Darüber hinaus sind die veröffentlichten Zah-

lenwerke nicht überall so verlässlich wie in Europa und in den USA. Die Wahrscheinlichkeit, im Falle eines Falles als Aktionär zu meinem Recht zu kommen, sinkt mit jedem Kilometer Entfernung, und zwar im Quadrat.

Für einen Anleger empfehlen sich aus diesen Gründen folgende Daumenregeln:

> Mindestens 80 % des Vermögens werden in einer Region angelegt, deren Kultur der Investor versteht und deren Sprache er mächtig ist. Das grenzt diesen Bereich ein auf Europa, Nordamerika, Neuseeland und Australien.
> Der Rest kann in Regionen investiert werden, in denen man der Corporate Governance, also zum Beispiel den veröffentlichten Unternehmenszahlen, vertrauen kann. Darunter fallen zum Beispiel Hongkong, Singapur und Japan.
> In allen anderen Regionen wird nicht direkt in Einzeltitel investiert.

## 6.2 Diversifikation

Viele Depots, die wir als Vermögensverwalter zu sehen bekommen, sehen aus wie in Abbildung 40 dargestellt.

Die Entwicklung eines solchen Depots hängt extrem stark von der Entwicklung einzelner Wertpapiere ab. Fällt hier eine Anleihe aus oder erleidet eine hochgewichtete Aktie unternehmensspezifisch einen starken Kursrückschlag, hat der Inhaber nicht nur einen akuten Notfall, sondern sein gesamtes Portfolio gerät in Schieflage. Im oben dargestellten, besonders ausgeprägten Fall kommen noch weitere Klumpenrisiken dazu. Gerät der Arbeitgeber am Wohnort in wirtschaftliche Probleme, sinkt der Kurs der Aktie im Depot, der eigene Job ist in Gefahr und darüber hinaus verliert eine eventuelle Immobilie noch an Wert. Das ist der GAU, den es unbedingt zu vermeiden gilt.

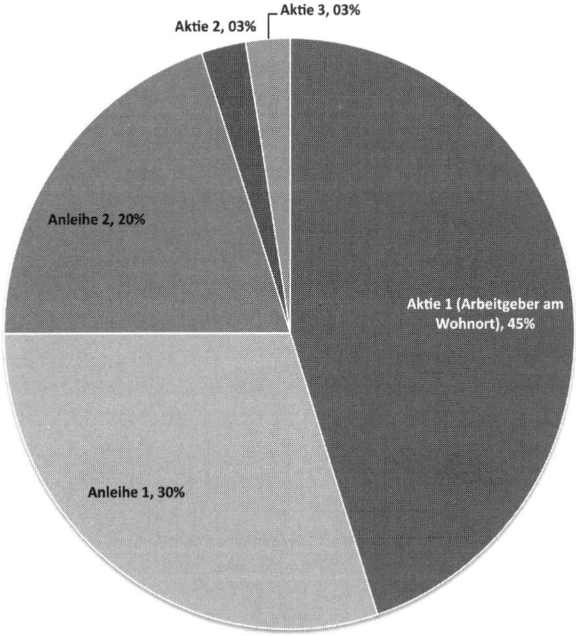

Aktie 3, 03%

Aktie 2, 03%

Anleihe 2, 20%

Aktie 1 (Arbeitgeber am Wohnort), 45%

Anleihe 1, 30%

*Abbildung 40: Sehr schlecht diversifiziertes Portfolio*

Rückschläge bei einzelnen Wertpapieren gehören zum Geschäft und lassen sich nicht vermeiden. Die unternehmens- und titelspezifischen Risiken lassen sich jedoch »wegdiversifizieren«, indem man sein Portfolio breit und gleichmäßig über viele Papiere streut. Dadurch ist keine Position so groß, dass sie dem Portfolio nachhaltig schaden kann. Die Kehrseite der Medaille besteht allerdings darin, dass auch eine sehr gut laufende Position nur einen kleinen Teil zum Portfolioerfolg beitragen kann.

Auch bei der Streuung gibt es ein »Zu viel des Guten«. Das ist gegeben, wenn sich so viele Positionen im Portfolio befinden, dass der Überblick verloren geht. Dies dürfte allerspätestens ab 50 Positionen der Fall sein.

Wissenschaftliche Untersuchungen haben gezeigt, dass die größten Diversifizierungseffekte bis zu einer Anzahl von 20 Positionen erreicht werden. Danach nimmt dieser Effekt ab, bis in der Größenordnung ab 50 Positionen fast überhaupt kein weiterer Vorteil erzielt wird, indem noch weiter gestreut wird. Idealerweise besteht ein Privatdepot deshalb aus mindestens 20 bis höchstens 40 Einzelwerten. Daraus ergibt sich, dass eine einzelne Aktie oder Anleihe in einem Privatportfolio zwischen 2,5 % und 5 % gewichtet sein sollte. Abbildung 41 zeigt ein gut diversifiziertes Portfolio.

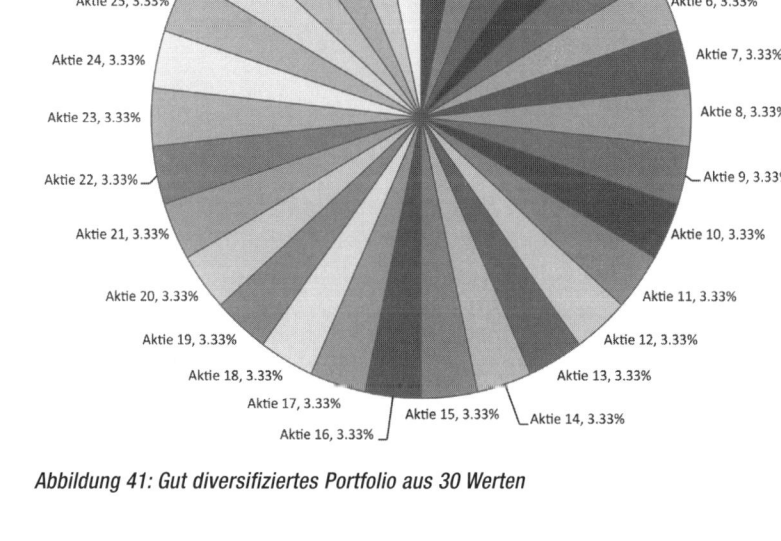

*Abbildung 41: Gut diversifiziertes Portfolio aus 30 Werten*

Mit der Aufteilung auf 20 bis 40 Werte ist der Diversifikation allerdings noch nicht vollständig Rechnung getragen. Zusätzlich notwendig ist für ein gesundes Portfolio die Streuung über verschiedene Länder und Branchen.

Als deutscher Anleger kann man aufgrund der kulturellen und regionalen Nähe schon riskieren, einen größeren Teil seines Vermögens in deutsche Aktien anzulegen. Ein größerer Teil sollte allerdings zudem außerhalb Deutschlands investiert werden – auch in anderen Ländern gibt es »schöne« Aktiengesellschaften. Ein Drittelmix mit Ergänzung bietet sich an: 30 % in Deutschland, 30 % im restlichen Europa, 30 % in USA und 10 % in der restlichen Welt. Natürlich ist das nur eine grobe Richtschnur. Letztendlich sollte man sich davon leiten lassen, wo man die Unternehmen findet, denen man sein Vertrauen schenken möchte.

Auch was Branchen angeht, ergibt es Sinn eine Obergrenze zu ziehen. Es sollten nicht mehr als 30 % des Portfolios in einer Branche angesiedelt sein. Das eröffnet die Möglichkeit, sich auf attraktive Branchen zu konzentrieren, ohne mit dem kompletten Portfolio auf dem falschen Fuß erwischt zu werden, da man immer in mindestens vier Branchen investiert ist.

Die relevanten Branchen sind:

1. Erdöl, Erdgas: z. B. Produzenten, Ausrüster
2. Grundstoffe: z. B. Chemie- und Rohstoffunternehmen
3. Industrieunternehmen: z. B. Bauunternehmen, Produktion, Transport, Luftfahrt, Großhändler
4. Verbrauchsgüter: z. B. Hersteller für Autos, Nahrungsmittel, Möbel
5. Gesundheitswesen: z. B. Pflegedienstleister, Arzneimittelhersteller, Biotechnologie-Unternehmen
6. Verbraucherservice: z. B. Einzelhandel, Medien und Freizeit
7. Telekommunikation: z. B. Festnetz- und Mobilfunkbetreiber

8. Versorger: z. B. Gas-, Wasser-, Stromversorger, Hersteller alternativer Energien
9. Finanzdienstleistungen: z. B. Banken, Versicherungen, Immobilien
10. Technologie: z. B. Soft- und Hardwarehersteller

## 6.3 Steuerliche Aspekte

Im Hochsteuerland Deutschland ist es wichtig, auch die steuerlichen Implikationen eines Investments zu beachten.

### Auswirkungen der Abgeltungssteuer

Seit dem Jahresbeginn 2009 werden auf Kapitalerträge einheitlich 25 % Abgeltungssteuer fällig. Rechnet man den Solidaritätszuschlag in Höhe von 5,5 % auf die Abgeltungssteuer hinzu, müssen insgesamt 26,375 % der Kapitaleinkünfte an den Fiskus abgeführt werden. Ist man zudem Mitglied einer Kirche, werden zusätzlich Kirchensteuern fällig, sodass die Gesamtbesteuerung bis zu 28 % betragen kann. Es spielt dabei keine Rolle, ob die Erträge aus Zinseinkünften bei Bankeinlagen, Kuponzahlungen bei Rentenpapieren, Dividendenzahlungen bei Aktien, Ausschüttungen bei Investmentfonds oder realisierten Kursgewinnen bei Wertpapieren resultieren. Im Vergleich zur vorherigen Regelung wird die Steuer zudem unabhängig von der Haltefrist des Wertpapieres fällig. Werden bei Aktien allerdings Kursverluste realisiert, können diese mit späteren realisierten Gewinnen aus Aktienverkäufen gegengerechnet werden.

Vor allem Besserverdienende, deren Steuersatz über der Kapitalertragssteuer liegt, profitieren von der Abgeltungssteuer, da im Vergleich zu früher nicht mehr der persönliche Steuersatz zum Tagen kommt, sondern die Erträge pauschal mit maximal 28,625 % Steuer (inkl. Solidaritätszuschlag und Kirchensteuer) abgegolten sind. Mit dieser einheitlichen Regelung behält die Bank automatisch den ent-

sprechenden Prozentsatz der Erträge ein und führt das Geld an das zuständige Finanzamt ab. Verschont bleibt lediglich der sogenannte Sparerpauschbetrag von jährlich 801 EUR (bei ledigen Personen) bzw. 1.602 EUR (bei zusammen veranlagten Ehepaaren), sofern der Depotbank ein entsprechender Freistellungsauftrag erteilt wurde.

Um die Auswirkungen der Abgeltungssteuer zu verdeutlichen, wollen wir uns folgendes Beispiel ansehen. Herr M., in Deutschland voll steuerpflichtig, aber kein Kirchenmitglied, kauft Aktien eines deutschen Unternehmens im Wert von 100.000 EUR und kassiert ein paar Monate später 4.000 EUR Dividende. Da er zudem noch ein Festgeldkonto besitzt und sein Sparerpauschbetrag bereits voll ausgeschöpft ist, behält die Bank

$$4.000 \text{ EUR} \times 0{,}26375 = 1.055 \text{ EUR}$$

an Abgeltungssteuer ein. Es werden also lediglich 2.945 EUR an Dividende ausgezahlt: Seine Dividendenrendite auf den Kaufkurs beträgt somit statt 4 % nur 2,945 %.

Ende des Jahres entscheidet sich Herr M., die Aktie, deren Wert auf 118.200 EUR gestiegen ist, zu verkaufen und somit einen Kursgewinn von 18.200 EUR zu realisieren. Gemäß seinen Berechnungen sollte der Gewinn nach Steuern

$$18.200 \text{ EUR} \times (1 - 0{,}26375) = 13.400 \text{ EUR}$$

betragen. Da er aber im Vorfeld eine andere Aktie mit 5.000 EUR Verlust verkauft hatte, wird dies bei der Besteuerung berücksichtigt. Seine Steuerbelastung reduziert sich auf

$$13.200 \times 0{,}26375 = 3.481{,}50 \text{ EUR}.$$

Das aber bedeutet andererseits, dass ihm nach Steuern ein Gewinn von 18.200 – 3.481,50 = 14.718,50 EUR übrig bleibt.

Tabelle 25 zeigt die Auswirkungen der Kapitalertragsteuer auf Einkünfte von deutschen Unternehmen (ohne Kirchensteuer und gegenrechenbare Verlustgeschäfte):

| Dividende/Kupon/ realisierter Kursgewinn | Eingang beim Anleger |
|---|---|
| 2 % | 1,47 % |
| 3 % | 2,21 % |
| 4 % | 2,95 % |
| 5 % | 3,68 % |
| 7 % | 5,15 % |
| 10 % | 7,36 % |
| 20 % | 14,73 % |
| 50 % | 36,81 % |
| 100 % | 73,63 % |

*Tabelle 25: Auswirkungen der Kapitalertragsteuer auf Einkünfte von deutschen Unternehmen*

## Anlegen im Ausland

Auch Erträge ausländischer Unternehmen unterliegen in Deutschland der Kapitalertragsteuer. Im Vorfeld können aber je nach Land unterschiedlich hohe Quellensteuern fällig werden. Um den Anleger vor einer doppelten Besteuerung seiner Einkünfte zu schützen, hat Deutschland mit vielen Ländern ein Doppelbesteuerungsabkommen getroffen. Dies bedeutet, dass bis zu 15 % der ausländischen Quellensteuer auf die Kapitalertragsteuer anrechenbar ist und der Differenzbetrag zur tatsächlich gezahlten Quellensteuer beim jeweiligen Land rückgefordert werden kann. Allerdings gestaltet sich die Rück-

forderung in der Praxis teils recht schwierig. Während beispielsweise der Schweizer Fiskus ohne Probleme die Gelder an ausländische Anleger zurückzahlt, müssen Anleger, die Dividenden aus
italienischen Aktien kassieren, oftmals Jahre auf ihr Geld warten.

Das folgende Beispiel soll die Besteuerung auf ausländische Anlagen verdeutlichen: Herr M. kauft sich Schweizer Aktien im Wert von
100.000 CHF, die nach einer gewissen Zeit eine Dividende in Höhe
von 5.000 CHF ausschütten. Wie viel bekommt Herr M. nun gutgeschrieben?

Zunächst unterliegen die 5.000 CHF der Schweizer Quellensteuer,
die sich auf saftige 35 % beläuft. Die Schweiz kassiert also zunächst

$$5.000 \text{ CHF} \times 0,35 = 1.750 \text{ CHF}$$

Quellensteuer. Nun greift aber auch das deutsche Finanzamt zu
und verlangt die Abgeltungssteuer von 25 %. Dies würde weiteren

$$5.000 \text{ CHF} \times 0,25 = 1.250 \text{ CHF}$$

entsprechen. Da die Quellensteuer der Schweiz größer als 15 % ist,
kann dieser maximale anrechenbare Betrag auf die Besteuerung in
Deutschland angerechnet werden. Bezogen auf die Dividende von
5.000 CHF sind also 15 %, d. h. 5000 x 0,15 = 750 CHF anrechenbar, womit nur noch

$$1.250 \text{ CHF} - 750 \text{ CHF} = 500 \text{ CHF}$$

in Deutschland an Steuern zu zahlen sind. Inklusive Solidaritätszuschlag (5,5 % der Abgeltungssteuer) kassiert der deutsche Staat
also

$$500 \text{ CHF} \times 1,055 = 527,50 \text{ CHF.}$$

Damit verbleiben Herrn M. nach Abzug der Quellensteuer und der Abgeltungssteuer inkl. Solidaritätszuschlag noch:

5.000 CHF – 1.750 CHF – 527,50 CHF = 2722,50 CHF.

Von seiner Dividendenrendite auf den Kaufkurs von 5 % sind also gerade einmal rund 2,7 % übrig geblieben. Allerdings ist Herr M. doppelt besteuert worden und kann das zu viel gezahlte Geld von den Eidgenossen zurückfordern. Da die Schweizer Quellensteuer mit 35 % die höchste anrechenbare Quellensteuer (15 %) übersteigt, kann er vom Schweizer Fiskus die Differenz, also 20 % ( = 35 % – 15 %), zurückfordern. Auf Antrag bei der Eidgenössischen Steuerverwaltung werden ihm

5.000 CHF x 0,2 = 1.000 CHF

erstattet, womit seine ursprüngliche Dividendenrendite auf den Kaufkurs auf rund 3,7 % steigt. Nach Steuern bleiben ihm also 74,4445 % der Dividende. Dies ist vergleichbar mit einer Anlage in Deutschland (73,625 %). Der Unterschied rührt vom Solidaritätszuschlag her: In Deutschland wird dieser auf die Gesamtdividende berechnet, bei ausländischen Werten hingegen nur auf den zu versteuernden Teil, welcher aufgrund der Anrechenbarkeit ausländischer Quellensteuern gesenkt wird. Eine höhere Ausschöpfung als 74,4445 % des Ertrages ist bei einem Direktinvestment auch in Ländern nicht möglich, bei denen es keine Quellenbesteuerung gibt (wie beispielsweise Großbritannien). Allerdings stellt die Antragstellung zur Rückforderung bei der Eidgenössischen Steuerverwaltung einen gewissen Aufwand dar, die im Falle einer britischen Aktie nicht angefallen wäre.

Tabelle 26 zeigt die Besteuerung ausländischer Dividenden ausgewählter Länder.

Damit ergeben sich folgende Netto-Renditen nach Steuererstattung aus dem Quellenland (siehe Tabelle 27).

|  | Australien | Frankreich | Italien | Japan | Kanada |
|---|---|---|---|---|---|
| Quellensteuer | 30 %* | 21 % | 20 %* | 7,147 %* | 25 %* |
| anrechenbar | 15 % | 15 % | 15 % | 7,147 % | 15 % |
| rückforderbar | 15 % | 6 % | 5 %** | 0 % | 10 % |
|  | Norwegen | Schweiz | Spanien | UK | USA |
| Quellensteuer | 25 % | 35 % | 21 %* | 0 % | 30 % |
| anrechenbar | 0 % | 15 % | 15 % | 0 % | 15 % |
| rückforderbar | 25 %** | 20 % | 6 %** | 0 % | 15 % |

*Standardbesteuerung. Es gibt Ausnahmeregelungen für bestimmte Werte. Stand: Juli 2013.*
*** Theoretisch rückforderbar, eine Registrierung als ausländischer Anleger wird empfohlen.*

*Tabelle 26: Besteuerung ausländischer Dividenden in ausgewählten Ländern*

| DividendenRendite Netto | Australien | Frankreich | Italien** | Japan | Kanada |
|---|---|---|---|---|---|
| 2 % | 1,49 % | 1,49 % | 1,49 % | 1,48 % | 1,49 % |
| 3 % | 2,23 % | 2,23 % | 2,23 % | 2,22 % | 2,23 % |
| 4 % | 2,98 % | 2,98 % | 2,98 % | 2,96 % | 2,98 % |
| 5 % | 3,72 % | 3,72 % | 3,72 % | 3,70 % | 3,72 % |
| 6 % | 4,47 % | 4,47 % | 4,47 % | 4,44 % | 4,47 % |
| 7 % | 5,21 % | 5,21 % | 5,21 % | 5,18 % | 5,21 % |
| 8 % | 5,96 % | 5,96 % | 5,96 % | 5,92 % | 5,96 % |

| DividendenRendite Netto | Norwegen** | Schweiz | Spanien** | UK | USA |
|---|---|---|---|---|---|
| 2 % | 1,47 % | 1,49 % | 1,49 % | 1,47 % | 1,49 % |
| 3 % | 2,21 % | 2,23 % | 2,23 % | 2,21 % | 2,23 % |
| 4 % | 2,95 % | 2,98 % | 2,98 % | 2,95 % | 2,98 % |
| 5 % | 3,68 % | 3,72 % | 3,72 % | 3,68 % | 3,72 % |
| 6 % | 4,42 % | 4,47 % | 4,47 % | 4,42 % | 4,47 % |
| 7 % | 5,15 % | 5,21 % | 5,21 % | 5,15 % | 5,21 % |
| 8 % | 5,89 % | 5,96 % | 5,96 % | 5,89 % | 5,96 % |

*Tabelle 27: Netto-Renditen nach Steuererstattung aus dem Quellenland*

# 7 Risikomanagement

*Rule No.1: Never lose money.*
*Rule No.2: Never forget rule No.1.*

*Warren Buffett*

Braucht man mit einem erstklassigen Cashflow-Portfolio ein zusätzliches Risikomanagement? Diese Frage lässt sich nicht pauschal beantworten. Es kommt darauf an, ob und wie man persönlich mit zwischenzeitlichen Kursverlusten umgeht. Stets muss man sich vor Augen halten, dass es die »eierlegende Wollmilchsau« nicht gibt. Wer sein Portfolio von Zeit zu Zeit absichert oder Stoploss Limits nutzt, wird damit nur dann Erfolg haben, wenn er es konsequent macht und, noch wichtiger, gerade dann nicht nachlässig wird, wenn der Markt tatsächlich große Rückschläge erleidet. Es besteht immer die Gefahr, das Portfolio abzusichern und dann eine schnelle Trendwende nach oben zu verpassen. Andererseits kann man sich als Investor beruhigt zurücklehnen, wenn der Markt wie im Jahr 2008 50 % und mehr verliert und man selbst an der Seitenlinie steht und interessiert zusieht.

Warum ist Konsequenz bei der Absicherung so wichtig?

Wir beobachten immer wieder, dass Anleger nach großen Rückschlägen eine Absicherungsstrategie fahren und nach langen Kursanstiegen (wie aktuell) eher dazu tendieren »long-only« zu investieren, ohne jegliches Risikomanagement zu betreiben. Beide Strategien können langfristig zum Erfolg führen, aber meist ist das nicht der Fall, wenn ein Anleger entsprechend der aktuellen Stimmungslage hin und her springt. So nimmt er nämlich Verluste mit, setzt dann auf Risikomanagement und verpasst auf diese Weise prompt einen

Teil des Anstiegs, wenn der Markt wieder nach oben dreht. Das Risikomanagement wird oft genau zu diesem Zeitpunkt beendet, damit man den Kursabschwung wieder voll mitnehmen kann. Also entscheiden Sie sich, ob Sie eine Absicherungsstrategie fahren wollen oder nicht. Wenn Sie es tun, machen Sie es konsequent!

Die Geschichte lehrt uns Folgendes. Egal wie gut die Unternehmen ausgewählt sind, deren Aktien sich im Portfolio befinden: Wenn die Kurse rückläufig sind oder die Börse crasht, dann erwischt es auch diese Werte. Auch mit den solidesten Aktien kann sich der Wert des Depots halbieren, ja sogar dritteln. Wenn Sie das nicht glauben: Die 30 größten deutschen Unternehmen haben von 2000 bis 2003 mehr als 70 % ihres Börsenwertes verloren, die 500 größten amerikanischen Unternehmen in den 30er-Jahren mehr als 80 %.

Auch die deutschen Dividendenkönige sind schon böse abgestürzt, wie Tabelle 28 zeigt. Gegen eine Börsenpanik ist kein Kraut gewachsen, in dem Sinne, dass sie sich alleine mit der Auswahl von substanzstarken und preiswerten Aktien umgehen ließe. Mit Kursrückgängen muss man immer rechnen.

| Aktie | Anzahl Dividenden-erhöhungen seit 2003 | Dividenden-rendite | Max drawdown |
|---|---|---|---|
| FRESENIUS MEDICAL CARE AG | 11 | 1,37 | -79% |
| FRESENIUS SE & CO KGAA | 11 | 1,29 | -82% |
| SAP AG | 9 | 1,64 | -79% |
| DEUTSCHE BOERSE AG | 8 | 4,31 | -73% |
| HENKEL AG & CO KGAA VORZUG | 8 | 1,38 | -53% |
| LINDE AG | 8 | 2,04 | -59% |
| MUENCHENER RUECKVER AG-REG | 8 | 5,08 | -86% |
| SIEMENS AG-REG | 8 | 3,80 | -72% |
| BEIERSDORF AG | 5 | 1,19 | -46% |

*Tabelle 28: Maximaler Drawdown seit Notierung auf Endmonatsbasis ohne Dividenden. Anzahl Dividendenerhöhungen inkl. 2013, ggf. mit Schätzwert. Stand: 05.06.2013, Quelle: Bloomberg, eigene Berechnungen*

Wie werden Sie mit den Verlusten umgehen, wenn aus 1.000.000 EUR nur noch 500.000 EUR oder gar 333.333 EUR geworden sind? Wer-

den Sie die Aktien behalten oder sogar andere Vermögenswerte wie z. B. Anleihen veräußern, um nachzukaufen? Oder werden Sie wie die große Mehrheit der Investoren früher oder später die Reißleine ziehen und Ihre Aktien verkaufen?

Falls Sie nicht absolut sicher sind, dass Sie nachkaufen werden, wenn die Aktien massiv fallen, dann ist aktives Risikomanagement wahrscheinlich sinnvoll für Sie.

Eines der einfachsten Risikomanagement-Systeme besteht in der Beobachtung der Zehn-Monats-Linie (siehe Abbildung 42). Diese entspricht ungefähr der 200-Tage Linie, hat aber den Vorteil, dass sie nur einmal im Monat berechnet wird und beachtet werden muss. Dabei nimmt man den durchschnittlichen Schlusskurs der vergangenen zehn Monate und vergleicht diesen mit dem aktuellen Kurs. Liegt der aktuelle Kurs darunter, dann wird abgesichert, liegt er darüber, dann nicht.

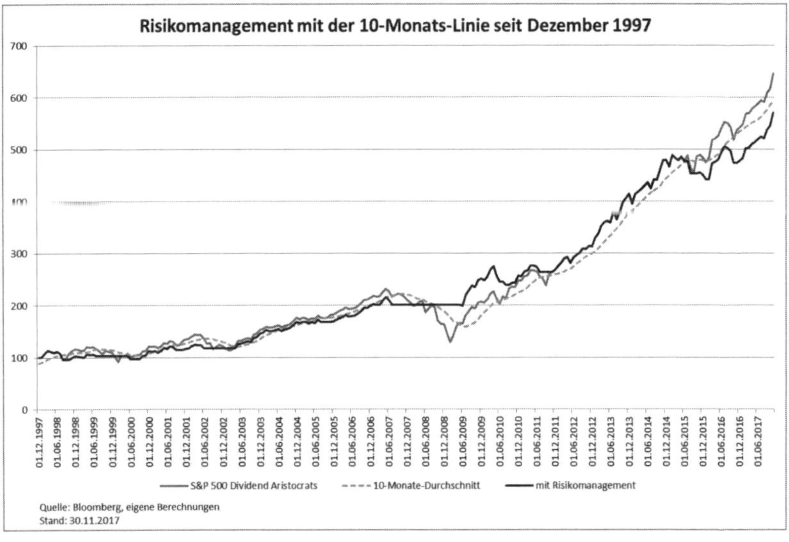

*Abbildung 42: Risikomanagement mit der Zehn-Monats-Linie seit Dezember 1997, Quelle: Bloomerg, eigene Berechnungen*

Da dieses System nur einmal monatlich berechnet wird, ist es in Seitwärtsphasen unempfindlich. Im gezeigten Schaubild werden alle Aktien bei einem Signal verkauft, dann läuft die Wertentwicklung einfach seitwärts. Die Performance ist über diesen Zeitraum ähnlich (mal liegt sie über dem Index, mal darunter wie aktuell), aber im Hinblick auf das Risiko ist der Unterschied groß. Der zugrundeliegende Dividendenindex verlor in der hier betrachteten Zehn-Jahres-Periode fast 45 %, mit Risikomanagement waren es nur 15 %. Das Risiko belief sich also nur auf ein Drittel. Gut zu sehen ist das in folgendem »Unterwasser-Chart« (Abbildung 43). Darin ist zu sehen, wie weit sich der Kurs vom jeweiligen letzten Hoch entfernt hat.

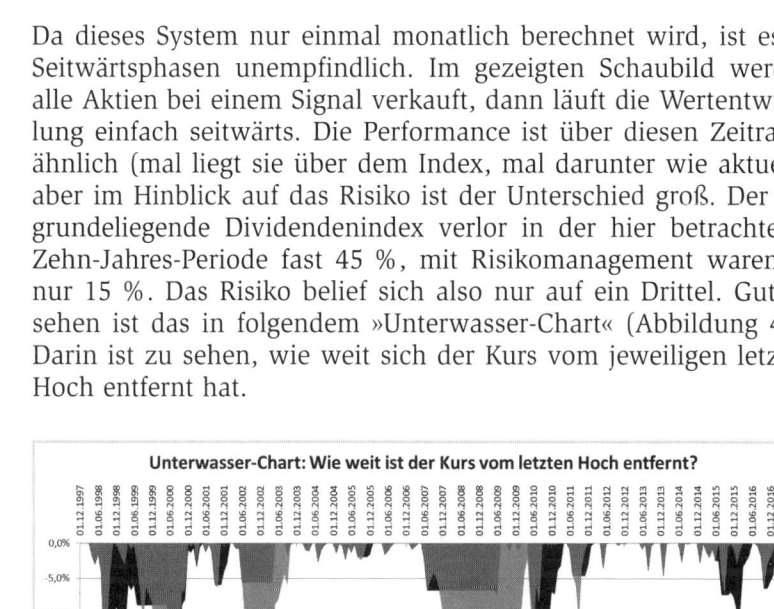

*Abbildung 43: Unterwasser-Chart: Wie weit hat sich der Kurs vom letzten Hoch entfernt?, Quelle: Bloomberg, eigene Berechnungen, stand 30.11.2017*

Wie lässt sich ein Portfolio in der Praxis absichern? Entweder verkauft man wie oben gerechnet die betroffenen Risikopositionen oder man kauft einen passenden Short-ETF oder 2-x-Short-ETF. Kauft

man ein Short-ETF auf den S&P 500, so hat dieser täglich genau die entgegengesetzte Wertentwicklung des S&P 500. Fällt der S&P 500 um 1 %, dann steigt der Short-ETF um 1 %, der 2-x-Short-ETF um 2 %. Bestehen zwei Drittel des eigenen Portfolios aus amerikanischen Aktien und kauft man dann für ein Drittel des Portfolios einen 2-x-Short-ETF, dann sind die zwei Drittel abgesichert. Hat man nicht genau den abgesicherten Index im eigenen Portfolio, dann verbleibt eine kleine Differenz in der Wertentwicklung. Die Aktien im eigenen Portfolio können sich schließlich besser oder schlechter als der Index entwickeln. Wer seine Hausaufgaben bei der Auswahl gemacht hat, dessen Aktien sollten sich besser entwickeln.

Wir haben das zur Illustration einmal durchgerechnet für ein Portfolio aus Dividendenaktien (S&P 500 Dividend Aristocrats Index) mit Verkauf eines 2-x-Short-ETF auf den S&P 500, falls die Dividendenaktien unter der Zehn-Monats-Linie liegen (siehe Abbildung 44). Leider ist die Zeitreihe für den Short-ETF erst seit Mai 2005 verfügbar.

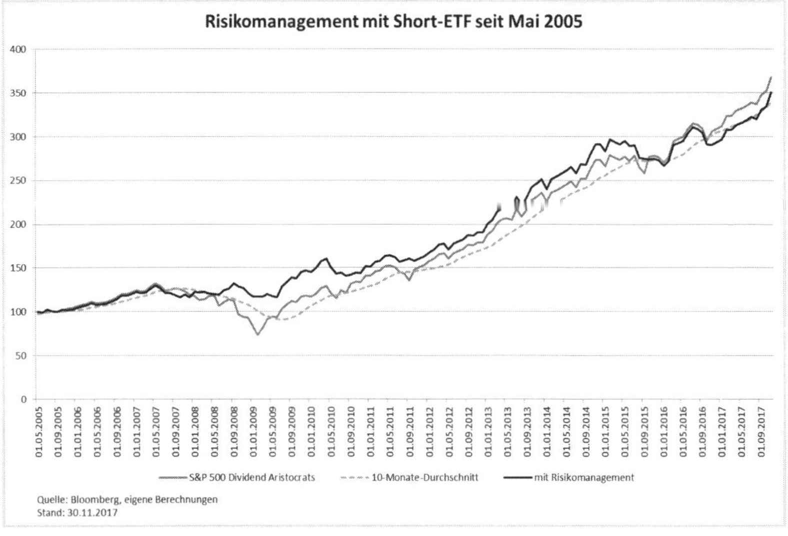

*Abbildung 44: Risikomanagement mit Short-ETF seit Mai 1997,*
*Quelle: Bloomberg, eigene Berechnungen*

Abbildung 45 zeigt den zugehörigen Unterwasser-Chart mit dem weiter reduzierten Drawdown bei der Anlage mit Absicherung.

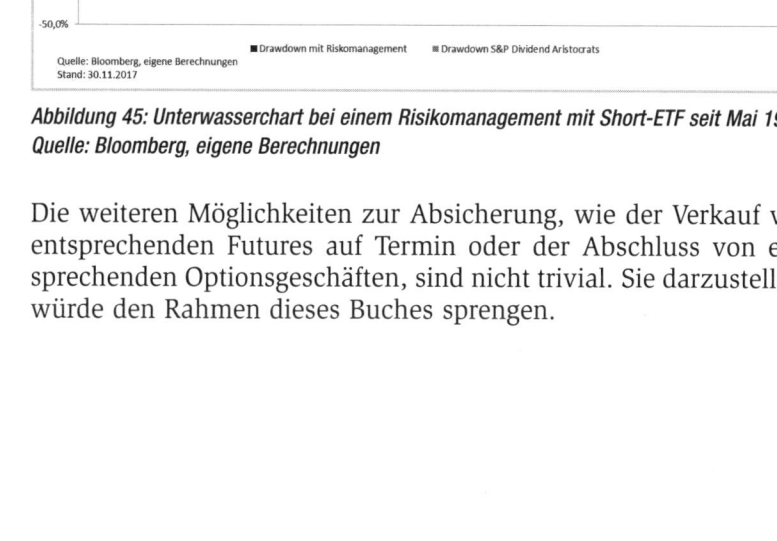

*Abbildung 45: Unterwasserchart bei einem Risikomanagement mit Short-ETF seit Mai 1997, Quelle: Bloomberg, eigene Berechnungen*

Die weiteren Möglichkeiten zur Absicherung, wie der Verkauf von entsprechenden Futures auf Termin oder der Abschluss von entsprechenden Optionsgeschäften, sind nicht trivial. Sie darzustellen, würde den Rahmen dieses Buches sprengen.

## Fazit

Eine Absicherungsstrategie kann für den einzelnen Anleger sinnvoll sein, aber er muss damit rechnen, dass er über lange Zeiträume eine »Versicherungsprämie« bezahlt. Wer sich dafür entscheidet, verzichtet möglicherweise auf Ertrag, den er gemacht hätte, wenn er nicht abgesichert gewesen wäre. Historisch spricht viel dafür, dass sich Absicherungsstrategien, sofern man sie konsequent umsetzt, über lange Zeiträume rechnen. Eine Gewähr dafür gibt es jedoch nicht. Es muss also letztendlich jeder Anleger selbst entscheiden, ob er sich mit oder ohne Absicherung wohler fühlt.

# 8 Systematischer Anlageprozess

Zu einer Anlagestrategie gehört ein Anlageprozess. Strategie und Prozess sollten für ein jedes Aktienportfolio folgende Fragen beantworten. Wir haben die Antworten der in diesem Buch vorgestellten Strategie eingefügt.

**Welches Ziel verfolge ich mit meiner Anlage?** Ziel ist die Zusammenstellung eines substanzstarken Aktienportfolios mit angemessen laufendem Cashflow in Form von Dividenden.

**Aus welchem Anlageuniversum schöpfe ich meine Auswahl?** Investiert wird in europäische Aktien, die seit mindestens zehn Jahren die Dividende nicht gesenkt haben. Auch US-amerikanische Aktien, die seit mindestens zehn Jahren jedes Jahr die Dividende gesteigert haben, gehören zum Anlageuniversum. Um nicht auf rückläufige oder sterbende Nischen zu setzen, müssen die Unternehmen in den vergangenen zehn Jahren Umsatz und Gewinn gesteigert haben. Die Dividendenrendite sollte aktuell mindestens 2,5 % betragen, um einen attraktiven Cashflow zu generieren. Um die Liquidität zu gewährleisten, muss sich die frei handelbare Marktkapitalisierung auf mindestens 250 Mio. EUR belaufen. Auf dieser Basis sind unsere Aktienlisten auf www.cashflow-investing.de zusammengestellt. Falls diese Liste in Zukunft weniger als 100 Werte enthält, können die Kriterien gelockert werden. Einzig das Liquiditätskriterium bleibt bestehen.

**Wie wähle ich die Aktien aus? Wie stelle ich mein Portfolio zusammen?** Das Zielportfolio enthält 25 unterschiedliche Aktien. Das Anlageuniversum wird nach KCV (Kurs-Free-Cashflow-Verhältnis) aufsteigend sortiert. Diese Liste wird von oben nach unten abgearbeitet. Wenn keine äußerst gravierenden Einwände zu finden sind, kommt der Wert mit 4 % in das Portfolio, sofern erstens noch Platz

ist, zweitens die Länderdiversifikation (Deutschland, Europa, USA) gegeben ist und drittens die Branchendiversifikation (Max. 30 % Anteil pro Branche) gewährleistet ist. Für jede einzelne Position werden die Kennzahlen anhand des letzten Geschäftsberichts geprüft, da bei allen Datenquellen Fehler auftreten können.

**Wie oft überprüfe ich mein Portfolio?** Monatlich muss das Risikomanagement überprüft werden. Jährlich wird das Anlageuniversum aktualisiert. Fällt ein Wert beim KCV-Ranking in das untere Drittel, wird er verkauft und durch den ersten passenden, nicht im Portfolio vorhandenen Wert von oben ersetzt.

**Wann verkaufe ich eine Aktie?** Zwischen den Terminen findet planmäßig kein Handel statt. Weder besonders gute noch besonders schlechte Kursentwicklungen sollten Anlass zum Handeln geben, da kein Handwerkszeug existiert, um festzustellen, ob diese Entwicklung nachhaltig ist oder nur vorübergehend vonstattengeht. Dieses Vorgehen schützt mich als Anleger auch vor unüberlegten Panikhandlungen. Wenn der gesamte Markt abstürzt, dann wirkt das Risikomanagement.

# Zusammenfassung

Der konservative Anleger, der von seinem Cashflow, seinen laufenden Einnahmen leben möchte, steht heute aufgrund der niedrigen Zinsen vor einer gewaltigen Herausforderung. Mit Zinseinkünften kann er seine Einnahmen nicht bestreiten. Immobilien sind unpraktikabel und bergen viele vernachlässigte Risiken in sich.

Wir haben gezeigt, dass substanz- und dividendenstarke Aktien, die wir Cashflow-Aktien nennen, eine gute Lösung darstellen können.

Die Instrumente der Unternehmensbewertung und ihre Kennzahlen geben dem Anleger ein Werkzeug an die Hand, um interessante Werte systematisch zu filtern, zu analysieren und einzuschätzen.

Wir haben die verschiedenen Kennzahlen und ihre Effektivität bei der Auswahl von Aktien untersucht und festgestellt, dass einige Kennzahlen besser zur Aktienauswahl geeignet sind als andere. Weitere Faktoren wie Geschäftsmodell, Management und Pensionsverpflichtungen spielen ebenfalls eine große Rolle in der Unternehmensentwicklung, ohne dass sie jedoch stets vollumfänglich aus der Bilanz zu entnehmen wären.

Obwohl es sehr interessant ist, die Geschäftsberichte der Unternehmen und ihre Geschäftsmodelle genau zu analysieren, so lässt sich doch feststellen, dass die Börsen im Großen und Ganzen sehr effizient bei der Preisfindung sind. Es ist wenig wahrscheinlich, dass wir bei der genauen Analyse des Siemens-Geschäftsberichts dadurch einen Vorteil erringen. Er wird uns vermutlich keine Erkenntnisse liefern, zu denen die zig Branchen-Analysten der Banken, die Dutzenden von Fonds- und Hedgefondsanalysten sowie die vielen weiteren professionellen Investoren noch nicht gelangt sind. Die

hier dargestellte Auswahlmethodik entfaltet ihre langfristige Wirkung auf eine ganz andere Art.

Aufgrund unserer evolutionären Entwicklung fühlen wir Menschen uns sehr wohl damit, das zu machen, was die anderen auch tun. Wer sich früher blind in Bewegung setzte, als einer der Gruppe anfing zu rennen, hatte ziemlich sicher höhere Überlebenschancen, als jemand, der in aller Ruhe abwartete, ob tatsächlich ein Angreifer oder ein Raubtier in der Nähe war. Eine weitere Erfahrung prägt uns. Das, was einmal gut war, betrachten wir auch weiterhin als gut. Haben wir einmal eine Frucht gegessen und sind davon nicht krank geworden, so erschien es uns als gute Idee, dies zu wiederholen. Dieses genetische Erbe verfolgt uns fatalerweise auch heute noch an der Börse. Wir fühlen uns wohl mit Werten, die alle halten, mit Werten, die sich bewährt haben, weil sie gut gelaufen sind. Wir geraten schnell in Verkaufspanik, wenn andere verkaufen, oft ohne zu wissen warum. Umgekehrt stürzen wir uns oft auf Werte, welche die anderen kaufen, ebenfalls ohne zu wissen warum. Wir könnten ja etwas verpassen.

Dieser psychologische Sachverhalt ist der Motor unserer Anlagestrategie, und er existiert, seit es Börsen gibt. Man denke nur an die Börsenblase um die South Sea Company im 18. Jahrhundert, an die Börsencrashs 1929 und 1987, an die Internetblase 2000, an die Finanzkrise 2008. Ganz aktuell lässt sich dieses Phänomen auch wieder an der Kryptowährung Bitcoin beobachten. Während nichts dagegen spricht, 1 % seines liquiden Vermögens in Kryptowährungen anzulegen, spricht alles dagegen, sich in diesen Markt hineinlocken zu lassen von den vermeintlich exorbitanten Gewinnaussichten. Die meisten Käufer kaufen den Bitcoin, weil er gestiegen ist und weil sie weitere Kurssteigerungen erwarten, und nicht weil sie glauben, dass der fundamentale Wert bei einem bestimmten Betrag liegt. Dieser Motor wird uns weiter begleiten, denn er lässt sich nur zeitweise unterdrücken. Dann funktioniert die Strategie halt eine Zeit lang nicht so gut, aber sie lässt sich nicht ausschalten.

Kauft man alle Aktien, erhält man als Ergebnis die Marktrendite. Kauft man nur Aktien, die eine attraktive Dividende abwerfen, erhält man zusätzlich einen laufenden Cashflow. Beschränkt man sich bei den dividendentragenden Titeln auf die günstigen, so erhält man ein Portfolio aus Werten, bei denen die Marktteilnehmer kleinere oder größere Probleme wahrnehmen. Und nun kommt ein Effekt ins Spiel, der sich »Reversion to the mean« oder »Rückkehr zum Mittelwert« nennt. Im Schnitt halten weder Probleme an noch eine perfekte Geschäftsentwicklung. Das bedeutet, die perfekten Unternehmen wie Apple im Jahr 2010 und 2011 bekommen Probleme, wofür ebenfalls Apple im Jahr 2012 und 2013 ein Beispiel ist. Dann sind sie relativ schwach in ihrer Kursentwicklung, und die Unternehmen mit bislang vorhandenen Problemen lösen diese. Sie werden plötzlich wieder attraktiver bewertet, und ihr Kurs entwickelt sich relativ stark.

Wir haben die aktuell interessanten Cashflow-Aktien aus Europa und den USA zusammengestellt und viele Anregungen gegeben, wie man als Investor ein substanz- und cashflowstarkes, breit diversifiziertes Aktienportfolio mit guten Erfolgsaussichten zusammenstellen kann.

Da auch die besten Aktien sehr großen Schwankungen unterliegen können, ist ein aktives Risikomanagement für viele Investoren unerlässlich. Ein einfaches, aber effektives Beispiel haben wir mit dem modifizierten 200-Tage-System vorgestellt.

Lassen Sie sich durch die Marktschreier, die Weltuntergangspropheten und die vielen Nachrichten und Entwicklungen, die uns täglich erreichen, nicht aus der Ruhe bringen. Denken Sie daran: Während der Pessimist sich Sorgen macht, macht der Optimist die Geschäfte.

Alles, was Sie an der Börse benötigen, ist eine Strategie, die Disziplin, diese konsequent umzusetzen, und viel Geduld.

Wir wünschen Ihnen viel Erfolg mit Ihren Cashflow-Investments!

An dieser Stelle auch allerbesten Dank an unser Team, insbesondere an Kevin Steiger und Urs Geiger für die Unterstützung dabei, die vielen Charts für dieses Buch zu erstellen.

Arne Sand und Max Schott

# Literaturempfehlungen

Die unten aufgeführten Bücher gehören aus unserer Sicht zum Besten, was die Investmentliteratur zu bieten hat. Wir empfehlen Ihnen die Lektüre.

## Thema Unternehmensbewertung und Value Investing

Contrarian Investment Strategies: The Next Generation (David Dreman) *Warum es ökonomisch sinnvoll ist, gegen den Strom zu schwimmen.*

Quantitative Value (Wesley R. Gray, Tobias E. Carlisle) *Welche Kennzahlen haben in der Vergangenheit bei der systematischen Auswahl von Aktien gut funktioniert?*

Graham and Dodd's Security Analysis (Sidney Cottle, Roger F. Murray, Frank E. Block) *Das Standardwerk zur Unternehmensanalyse, stark zugeschnitten auf den amerikanischen Markt.*

The Intelligent Investor (Benjamin Graham), auf Deutsch: Intelligent Investieren *Das Standardwerk zur Geldanlage.*

Unternehmensbewertung & Kennzahlenanalyse – Praxisnahe Einführung mit zahlreichen Fallbeispielen börsennotierter Unternehmen (Nicolas Schmidlin) *Gut lesbare deutsche Einführung.*

Value Investing – From Graham to Buffett and Beyond (Bruce C.N. Greenwald, Judd Kahn, Paul D. Sonkin, Michael van Biema) *Einfaches, gut verständliches Einführungswerk in die Value-Philosophie.*

Valuation (Tim Koller, Marc Goedhart und David Wessels) *In diesem Standardwerk findet jeder Anleger garantiert mehr zur Unternehmensbewertung, als er je wissen wollte.*

## Thema Risikomanagement

Being Right or Making Money (Ned Davis) *Bereits vergriffenes Werk über Indikatoren und deren Nutzung zur Steuerung der Investitionsquoten.*

New Trading Systems and Methods (Perry J. Kaufman) *Einführung in technische Handelssysteme, Trendfolge etc.*

## Und in eigener Sache

Schutz vor Inflation und Euro-Crash (Dr. Max Schott und Arne Sand) *Wie es um die Zukunft unserer Währung steht und was Anleger jetzt tun müssen.*

# Über die Autoren

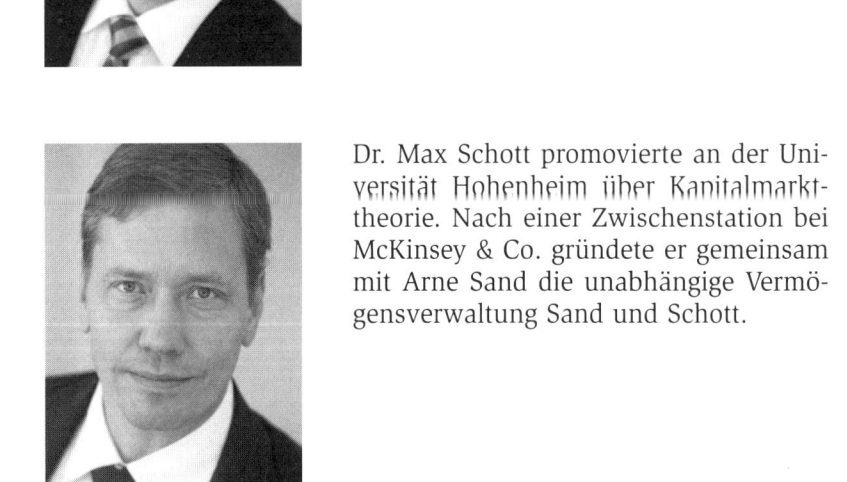

Arne Sand ist Ingenieur der Elektrotechnik und arbeitete u. a. als Berater bei einem börsennotierten Finanzdienstleistungsunternehmen. 1994 gründete er mit Dr. Max Schott die Sand und Schott GmbH und führt diese bis heute als geschäftsführender Gesellschafter.

Dr. Max Schott promovierte an der Universität Hohenheim über Kapitalmarkttheorie. Nach einer Zwischenstation bei McKinsey & Co. gründete er gemeinsam mit Arne Sand die unabhängige Vermögensverwaltung Sand und Schott.

# Stichwortverzeichnis